이것은
교육이
아니다

이것도 교육이 아니다

ⓒ 박진환 외, 2013

2013년 2월 12일 처음 펴냄
2016년 6월 13일 초판 4쇄 찍음

글쓴이 | 지아, 조해수, 정의진, 정은희, 임동헌, 이형환, 이민아, 이계삼, 윤지형,
        윤양수, 박진환, 박지희, 김종욱, 김윤주, 김수현, 고민경, 강아지똥
기획 · 편집 | 이진주, 설원민, 김도연
출판자문위원 | 이상대, 박진환
디자인 | 이수정
종이 | 화인페이퍼
인쇄 | 보진재
제작 | 세종 PNP

펴낸이 | 김기언
펴낸곳 | 교육공동체 벗
이사장 | 임덕연
사무국 | 최승훈, 이진주, 설원민, 김기언, 공현
출판등록 | 제2011-000022호(2011년 1월 14일)
주소 | (03971) 서울시 마포구 성미산로1길 30 2층
전화 | 02-332-0712, 070-8250-0712
전송 | 0505-115-0712
홈페이지 | communebut.com
카페 | cafe.daum.net/communebut

ISBN 978-89-966034-9-8 03370

이 도서의 국립중앙도서관 출판시도서목록(CIP)은 서지정보유통지원시스템 홈페이지(seoji.nl.go.kr)와
국가자료공동목록시스템(www.nl.go.kr/kolisnet)에서 이용하실 수 있습니다.(CIP제어번호: CIP2013000489)

이것은 교육이 아니다

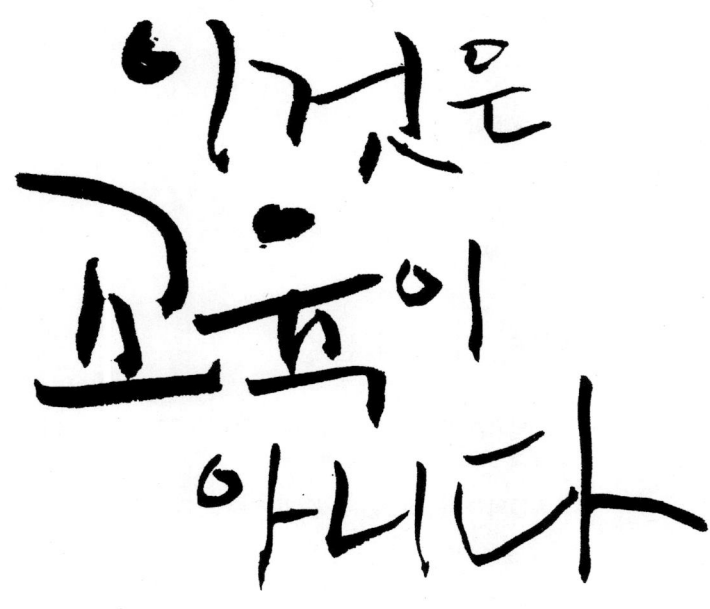

학 교 의 배 반

지아 · 조혜수 · 정의진 · 정은희 · 임동헌 · 이형환
이민아 · 이계삼 · 윤지형 · 윤양수 · 박진환 · 박지희
김종욱 · 김윤주 · 김수현 · 고민경 · 강아지똥

교육공동체벗

| 3부 | 저항 혹은 탈주

'학교란 무엇인가?'

이 낡을 대로 낡은 질문을 누군가 뜬금없이 던진다면 당신은 무어라 답하겠는가? 배우고 가르치는 곳? 이 흔해 빠진 답 말고 당신은 또 무슨 답을 꺼낼 수 있을까? "희망을 노래하는 곳"이라고 노랫가락을 되뇌는 정도면 그나마 나은지도 모르겠다. 다시 묻는다. 당신에게 학교란 무엇인가? 마땅한 답을 찾지 못하는 당신에게 인터넷 검색 찬스를 드리겠다. 검색창에 '학교란 무엇인가?'라고 재빠르게 쳐 보시라. 아마도 당신은 영상 〈EBS 다큐프라임-학교란 무엇인가?〉와 책 《학교란 무엇인가》를 아주 쉽게 찾아낼 수 있을 것이다.

그들은 말한다. 학교란 칭찬의 두 얼굴, 책 읽기의 힘, 스스로 학습, 영재들의 재발견, 배움의 가치를 이야기하는 곳이라고. 그들이 말하는 학교가 그리 낯설지는 않다. 학교라는 곳에서 빼놓을 수 없는 이 주제들은 늘 교사들과 부모들이 안고 있는 과제이기 때문이다. 우리는 학교가 원래 이런 이야기들로만 가득한 곳이라고 굳게 믿어 왔고 으레 그래야 한다고 단정했다. 그럼에도 학교는 늘 비판을 받는다. 도대체 왜 그런 걸까.

주류 교육학의 눈으로 오늘의 학교와 교육을 읽어 내는 것은 결코 쉬운 일이 아니다. 학교 구성원들의 내면과 사회적 관계, 사건들이 이미 그들이 규정한 틀을 한참 벗어나 있기 때문이다. 새로운 시각과 접근이 필요하지만 우리는 한동안 학교 속 깊은 이야기를 듣지도, 하지도 못했다. 왜 이런 현상이 벌어지는 것일까? 학교라는 공간이 그만큼 들여다보기 어려운 폐쇄적인 공간이기 때문일까?

따지고 보면 우리는 꽤 오랫동안 누군가 지정하고 강제한 이야기만 듣고 말해 왔다. 때로는 하기 좋은 말과 듣기 좋은 말 또는 원론적인 이야기 이외의 다른 이야기를 금기시하고 스스로 검열하며 침묵하기도 했다. 그렇게 멀리 떨어져 있는 외로운 섬처럼 일정한 거리를 두고 각기 다른 삶을 무던히도 살아왔다. 우리도 진정 학교를 잘 몰랐던 것이다. 지난 2년간《오늘의 교육》에 실린 교사들의 글은 이런 금기를 깨고 사회적 언어로 학교와 교실을 성찰한다. 이는《오늘의 교육》이 창간 때부터 강조해 온 집단지성의 표출이자 증언으로서 글쓰기이기도 하다.

가능성 없는 임용 여건 속에서도 정교사를 꿈꾸는 기간제 교사, 비상식적이고 비민주적인 문화를 견디지 못하고 학교를 뛰쳐나온 교사, 무조건적인 침묵에 숨막혀하는 교사, 교사의 꿈을 이룬 지 얼마 되지 않아 좌절감으로 세상을 떠난 슬픈 교사, 일제고사를 거부하다 학교에서 쫓겨난 교사, 정당 후원금 때문에 법정에 선 교사, 갇힌 교실 속에서 서글픈 퇴임을 앞둔 교사, 승진을 포기하고 아이들을 얻은 교사, 학생부에 학교폭력 기재를 거부한 교사, 등교 체크 기계 설치에 맞서 싸운 교사, '꼴통' 학생들의 편에서 그들을 지지하며 사는 교사, 특성화고등학교 아이들이 겪는 비정한 현실의 공모자로서 자괴감에 빠진 교사, 부당한 교육과정과 평가에 울부짖는 교사……. 도대체 이들의 목소리를 외면하고 어떻게 학교를 이야기하고 교육을 말할 수 있을까?

그들의 삶에서 너저분한 교육 이론과 그에 따른 실천 사례 따위는 전혀 찾아볼 수 없다. 그들은 그저 자신들이 몸담고 있는 학교의 짙은 어둠과 슬픔, 고통을 성찰의 목소리로 담담히 증언할 뿐이다. 이들에게 학교는 교육학 이론들로 채워지는 실험과 검증의 장이 아니라 또 다른 사회이고, 사회적 관계들의 집합체이자, 아

이들과 진짜 교육을 일으키기 위해 지속적으로 싸워야 하는 삶터
이다.

  우리 시대를 대표하는 주류 교육학자이자 교육기관의 수장이
었던 누군가는 이들을 일컬어 '학교에 물의를 일으키는 교사'라
했다. 건전한 학교 문화를 해치는 세력을 거두어 내지 않고서는
아이들을 위한 교육을 할 수 없다는 것이다. 그의 눈에는 오직 학
교인ᄉ으로서 교사와 교실인ᄉ으로서 학생들만 있다. 한동안 우리
는 이들의 어법에 이의를 달지 않았다. 아니 짓눌려 왔다는 말이
더 맞겠다. 문득, 가치중립적인 어법 속에 그 사회집단 전원이 무
의식적으로 공유하고 있는 이데올로기가 깃들어 있다는 롤랑 바
르트의 '패권을 쥔 어법'이 떠오른다. 적어도 이곳에 모아 놓은 교
사들의 글은 패권을 쥔 주류의 어법과는 무관하다.
  그동안 우리가 알고 있던 학교는 한쪽 측면에 불과했으며 다분
히 피상적이었다. 학교는 수많은 외로운 섬들을 품고 있다. 그 섬
들은 외로움을 넘어 때로는 철저히 고립돼 있다. 이는 오늘의 교
사들과 아이들 모습이기도 하다. 가깝고도 먼 섬들의 외로움과 고
립의 경계를 무너뜨리는 일은 당장 누가 해 줄 수도 없다. 우리들
이 직접 넘어서야 한다. 좁게는 학교 속 천 개의 섬들의 이야기에
관심을 갖는 일에서부터 넓게는 하나의 섬으로서 자신의 삶을 철
저히 기록하는 일에 이르기까지. 이는 매우 중요하고 절실한 실천
이다. 그러고 보면 여기 실린 글의 주인들은 이런 섬들의 경계를

자유롭게 그러나 매우 힘겹게 넘어선 사람들이다.

그다음 필요한 것은 각기 떨어져 있는 섬들의 연대다. 이들의 이야기를 한데 묶어 책으로 펴내는 일은 바로 따뜻한 연대의 손길을 바라는 우리들의 마음이 모아졌기에 가능했던 일이다. 갈 길은 아직 멀고 또 적지 않은 시간이 걸리겠지만, 이와 같은 노력과 실천이 학교 속 수많은 섬들의 외로움과 고립을 해소시켜 줄 수 있으리라는 자그마한 희망도 품어 본다. 그제야 영화 속 '완득이'와 드라마 속 '학교'에는 관심을 가져도 현실의 '완득이'와 '학교'에는 무관심한 이웃들을 우리들의 섬으로 기꺼이 초대할 수 있을 것이다.

온 나라가 뮤지컬 영화 〈레 미제라블〉에 흠뻑 빠져 있는 요즘, 얼마 전 나는 소설 《레 미제라블》 읽기에 도전했다. 만만치 않은 분량의 1권 첫머리에는 1862년 1월 1일에 쓴 빅토르 위고의 짧은 서문이 뚜렷하게 적혀 있다. 서문의 맨 마지막 문장이 인상 깊다.

다시 말하자면, 그리고 넓은 견지에서 말하자면, 지상에 무지와 빈곤이 존재하는 한, 이 책 같은 종류의 책들도 무익하지는 않으리라.

그로부터 150년이 지난 지금, 한국 사회에는 빅토르 위고가 말한 무지와 빈곤이 여전히 존재하고, 기득권을 쥔 사회계급과 권력이 만든 법률과 풍습으로 문명의 한복판은 때때로 지옥으로 변한다. 대표적인 곳이 바로 학교다.

나는 우리가 엮어 내는 이 책이 빅토르 위고가 말한 '이 같은 종류의 책' 중 하나라고 감히 말한다. 학교, 그 안에 비참한 섬들의 슬픔과 고통, 성찰을 그려 낸 이야기가 결코 우리 사회에 무익할 리 없을 테니.

2013년 2월

필자들을 대신하여 박진환

∴

학교,
천 개의 섬

파이브 고에
피박, 광박, 멍텅구리
그리고 흔들기까지

계속 교사이고 싶은 어느 기간제 교사의 이야기

조해수 중등 교사

"파이브 고에 피박, 광박, 멍텅구리 그리고 흔들기까지!"

그 녀석이 외친다. 실실 쪼개면서…….

왠지 목소리도 엄청 흥분되어 있는 것 같다.

이제 '재수 없다'는 생각조차 들지 않는다.

아…… 이게 말로만 듣던 '멘붕'인가? 지금 여기에 있는 나는 무

엇이지?

아…… 엎어 버릴까? 도망칠까?

눈물 한 방울과 함께, 지나간 일들이 하나 둘 파노라마처럼 스쳐간다.

그 녀석이 원 고를 외칠 때, 난 기뻤고
그 녀석이 투 고를 외칠 때, 난 외로웠고
그 녀석이 쓰리 고를 외칠 때, 난 자책했다.
그리고 그 녀석이 포 고를 외칠 때, 난 왠지 미안했다.
딱히 누구라고 하지는 못하지만, 아니 그냥 나를 포함한 모두에게……
미.
안.
했다.

그러고는 그 녀석. 파이브 고를 외쳤다.

#0

나는 지리 교사다. 2년 차.
고등학생일 때 지리 샘에게 "자리 깨끗이 쓰세요. 이 자리 제 자리가 될 거거든요" 하고 외치곤 했던, 그래서 조금은 절실히 되고 싶었던 교사의 꿈을 이룬…… 나는 지리 교사다. 누군가가 "지금 행복한가요?"라고 물으면, 바로는 모르겠지만 수 초가 지난 후에는 웃으면서 '그렇다'고 대답할, 꿈을 이룬 나는 행복한 지리 교사다.

그런데 만약 누군가가 "내일은 행복할까요?"라고 묻는다면 쉽게 대답을 못 할 것 같다. 시간이 지나면 오늘이 될 내일일 텐데, 어차피 올 내일일 텐데…… 내일을 생각하는 것은 뭔가 두렵다. 뭐라 할까? 그냥 생각하기 싫다.

얼마 전, 우리 반 녀석에게 '좋프다'라는 말을 배웠다. '좋프다'는 '좋은데, 슬프다'라는 뜻이란다.

나는 지금, 좋프다.
나는 기간제 지리 교사다. 2년 차.

#1 원 고!

고등학교 때 무슨 이유인지 지리 수업이 즐거웠다. 초등학생 때, 중학생 때의 작은 기억과 경험들 때문이었던 것 같다. 그리고 지리교육과를 가기로 다짐했다. 당시 지리 선생님조차 이런 놈은 처음이라며 황당해하셨다. 지리는 예전에도 찌'지리'였으니 당연했다.

하지만 나는 나름 열심히 공부했던 것 같다. 야간 자율학습이 진짜 자율학습이었던 고등학교에서, 그 자율학습을 꼬박꼬박 했으니 말이다. 다른 친구들의 점수가 전체적으로 내려간 수능 시험에서 평상시보다 높은 점수를 받았다. 배치표상 처음 목표로 했던 학교보다 조금 더 높은 칸에 있는 학교에 눈이 갔고, 그러던 중 '지리교육과'가 아닌 '지리학과'에 눈이 멈췄다. 지리학과에 입학해도 교사를 할 수 있다는 담임 선생님의 말씀에 아무 생각 없이 원서를 썼고, 떡하니 붙었다. 합격자 발표 날이 크리스마스 이브였다. 산타 할아버지가 날 착한 놈이라 생각하셨나 싶었다.

지리학과 대학생이 되어서는 (지리보다 세상을) 신 나게 공부했고, (지리보다 세상을) 신 나게 고민했다. 신 나게 놀면서 말이다. 아~ 대학이라는 곳이 이런 곳이구나! 행복하고 즐거웠다. 그러다 한 해에 5명에게만 부여하는 교직 이수 자격에서 떨어졌다. 6명이 지원했는데 떨어진 한 사람이 바로 나였다. 아ㅠㅠ

그리고 너무나도 당연하고 자연스럽게 교육대학원에 입학했다. 등록금을 대폭 할인해 주며 조교가 되면 쉽게 등록금을 마련할 수 있는 그 대학, 그 교육대학원으로 말이다. 겨우겨우 논문을 쓰고 자격증을 받고 졸업했다.

그러니깐 결론적으로 하고 싶은 말. 나는 비사범대 출신에 사범대가 없는 대학의 교육대학원 출신이라는 것이다. 그래서 대학 선배 중에 교사가 매우 드물다는 것, 동기도 후배도 지리 교사는 매우 드물다는 것, 제자들 취직에 열을 올리는 교수님도 지리 교사라는 직업에는 큰 열을 올리지 않는다는 것, 임용 시험 또한 함께 공부하고 정보를 나눌 동지가 별로 없다는 것이다. 스스로, 홀로, 알아서 교사가 되어야 할 뿐이라는 것이다.

젠장. 산타 할아버지는 내가 못된 놈이라는 것을 알고 있었던 거다. 산타 할아버지는 정말 모든 것을 알고 계신다.

대학원을 졸업하고는 임용 시험 합격을 목표로 열심히 공부했다. 아무래도 스스로, 홀로, 알아서 교사가 되는 길은 임용 시험 합격밖에 없었다. 사립학교는 돈이든 줄이든 매우 뛰어난 실력이든, 무엇이든 있어야 한단다. 돈도 줄도 없는 나는 임용 시험 합격이든 매우 뛰어난 실력이든 둘 중 하나가 필요했다. 그래서 신림동 고시원, 그것도 제일 꼭대기, 조용하고 세도 싼 그곳에서 산바람을 맞으면서 공부했다.

그러다 9월 17일이 왔다. 흔히 '9.17 티오 사태'라고 사람들이 말하는 2010년 9월 17일. 너무나도 냉정하게 표 하나로 정리된 지리과 티오는 '경기 3명, 서울 0명, 인천 0명'이었다. 더 이상 공부를 할 수 없었다. 멍…….

그날, 지갑을 툭툭 털어 신림동 고시촌 입구에 있는 야구 배팅 연습장에서 야구를 수십 판 했던 것 같다. 슈우웅~ 빵! 슈우웅~ 빵! 슈우웅~ 빵! 내 눈물도 빵! 하고 날아갔으면 했다.

에휴…… 그래도 시험은 봤고, 에휴…… 역시나 떨어졌다.

이제 본격적인 'F5* 전쟁'의 시작이다. 서울, 경기, 인천, 강원도

---

*새로 고침 버튼

교육청을 '즐겨찾기' 해 놓고 매일 들어가는 것은 기본 중의 기본. 교원 모집 공고가 나면 무조건 원서를 넣는 것은 필수. 30분에 한 번씩, 늦어도 1시간에 한 번씩은 교육청에 있는 구직란에 나의 프로필을 올려놓는 것도 필수. 그러다 2월이 되면 각 교육청 창을 하나씩 주르륵 열어 놓고 아침부터 시작해 각 학교 교무부장님이 퇴근할 오후 5시까지 1분에 한 번씩 F5를 누르면서 하루를 보내는 일도 필수적인 일이다. 이 F5 전쟁에 선택의 여지는 없다. 아! 있기는 하다. 교사의 꿈을 포기하거나, 1년 뒤 있을 임용 시험에 재도전하는 것.

　F5를 누르는 검지의 지문이 닳는 것이, 마치 자신의 꿈이 닳는 것 같은…… 그러니깐 검지의 지문이 곧 꿈이라는 생각을 해 보지 않은 사람이라면 이 기분 모른다. 이미 '교사 = 정교사'라고 생각했던 '교사의 꿈'은 머릿속에 없다. 그저 몇 개월짜리라도 기간제 교사가 되어 몇 개월만이라도 학생들을 만나고, 그 경력을 디딤돌 삼아 더 긴 기간제 교사가 되어 더 길게 학생들을 만나고, 그리고 또 그것을 디딤돌 삼아 정교사가 되어 계속 학생들을 만나는 꿈을 꿀 수밖에 없다.

　그래도 나는 운이 좋은 놈이다. 3월이 되기 3일 전. 많은 사람들의 검지 지문이 닳아 없어지고 검지조차 사라질 무렵. 그래서 손가락을 살리기 위해 한두 명씩 포기를 해 나갔을 그 무렵. 갑작스럽게 그만둔 기간제 교사 덕분에(?) 급하게 기간제 교사 한 명이 필요해진 한 학교에서 연락이 왔다. 아무래도 내가 그 자리에 뽑힌 이유는 그나마 집이 가깝고 남자였기 때문인 것 같다. 휴……
어떻게든 원서의 '경력란'에 한 줄 쓸 수 있게 되었다. 검지가 다시
자라난다.

원 고! 그 녀석이 외쳤다.
기뻤다. 왜냐하면 스톱하지 않았으니깐…….
운이 좋으면, 그리고 내가 잘하면 내가 그 녀석을 독박 씌울 수
있으니깐.
아직 꿈이 끝나지 않았으니깐. 적어도 다음 턴까지는…….
그래서 기뻤다.

#2 투 고!

힘들게라기보다 운 좋게 교사가 되었다. 정말 운 좋은 놈이다.
기간제라는 꼬리가 붙었지만 직업란에, 아주 잠시 동안은 머뭇거
리겠지만 교사라고 쓸 수 있다. 행복한 거다, 분명히……. 학교 내
에서 자신이 무슨 일을 할지 선택하지 못해도, 시키는 일이 아무
리 힘들고 어렵고 짜증 나는 일이라도…… 역시나 행복한 거다.
확실히 말이다. 왜냐하면 그래도 난 운 좋은 놈이니깐. 검지가 있
으니깐.
그래서 열심히 일했다. 시키면 시키는 대로, 시키지 않아도 찾아
서……

일. 했다.

그것이 아직 교사의 꿈을 포기하지 않은 많은 예비 교사들에 대한 최소한의 예의라 생각했다. 그런데 가끔…… 아주 가끔……

조금.
힘들다.

학년 초, 정교사들이 먼저 자신의 담당 과목과 시간을 정해 놓은 상태에서 나머지 남은 과목과 시간을 기간제 교사가 채우느라 서너 과목을 담당하게 됐고, 그래서 수업 연구로 매일 밤을 정신없이 지새우다가 갑자기 어느 순간.

모집 공고의 계약 기간이 12개월이었음에도 4월 말에 계약서를 작성할 때는 학교 사정상 10개월만 계약하자고 강요당했던 그 순간. 그리고 그날 밤.

다른 선생님들이 기피하는 복잡하거나, 귀찮거나, 학생들을 상대하는 업무들을 맡아 선생님들과 학생, 학부모님들에게 치여 긴긴 하루를 보내고 달빛 아래서 퇴근하다가 문득.

동료 선생님들과 재미있게 하루를 보내자고 작은 행사를 만들고 준비한 그날. 뒤풀이 자리에서 "그런다고 정교사가 쉽게 되지 않아"라는 소리를 들은 그때 그 순간.

학교 내 메신저로 "해당되지 않는 선생님께는 죄송합니다"라는 제목의 쪽지를 받았는데, 쪽지를 여니 성과급과 관련된 내용임을 확인한 그 순간.

　학년 말, 당장 내년 일자리에 대한 걱정으로 하루를 보내고 있는데, 학교에서 어떠한 말도 해 주지 않아 다른 학교에 지원했더니 '배신자'라고 수군거리는 것을 멀리서 들은 그 순간.

　그럴 때면……

　힘.

　들다. 조금…….

　그리고 억울하기도 하다. 역시 조금.

　그런데 사실 이런 힘듦이나 억울함은 이길 수 있다. 조그마한 문제들이니깐. 그리고 이런 것들은 이제 익숙한 학교 문화(?)가 되어 버렸다는 사실을 너무나도 잘 아니깐. 그 정도야 원서를 쓸 때부터 충분히 예상했던 것들이니깐. 단지 짜증이 나고, 때로는 허무감을 느낄 뿐…….

　충분히. 이길 수 있다. 그래도 난 검지가 있으니깐 말이다.

　그런데 많이……

　힘.

　들 때가 있다.

왠지 그런 일 뒤편에, 그리고 누군가의 머릿속에 내가 '우리'가
아닌 '남'이라는 글자로 기억되고 있다고 느껴질 때.

외롭고 힘들다.

정.

말.

힘. 들다.

투 고! 그 녀석이 외쳤다.

녀석의 눈동자가 무섭게 바쁘다. 내가 낼 수 있는 패를 계산하
는 것 같다. 쓰리 고까지 쉽게 갈 수 있겠다고 생각했는지 씨익 웃
는다.

외로웠다. 저 녀석은 나를 함께 고스톱 치는 동료라고 보지 않고
나를 없애야 하는 상대로만 보는 것 같다. 철저히 계산하면서…….

나를 없애면 고스톱도 없는 것인데 그것은 모르는 것 같다. 더
외로웠다.

내가 들고 있는 패는 흑싸리 열 끗. 그러니깐 흑싸리에 새 한 마
리 그려진……. 그 새가 나인 것 같아 더 외로웠다. 카키색 모포 위
에 놓인 비광. 그 비광에 그려진 두꺼비가 부러웠다.

그 흑싸리 열 끗을 카키색 모포 위에 날렸다. 카키색 하늘 위를
훨훨 날아서 저 녀석 품속에 울고 있는 꾀꼬리를 찾아갔으면 좋
겠다.

#3 쓰리 고!

여름방학이 가까워졌나 보다. 교무실 한쪽에서는 학교에서 보내주는 해외 연수 이야기가 한창이다. 백두산으로 간다는 이야기, 어떤 선생님이 가신다는 이야기 사이로 우선순위 이야기가 귀를 솔깃하게 한다. 작년에 다녀오지 못한 선생님들이 1순위, 그리고 나이가 2순위란다.

혹시……?

역시…….

내 이름은 그 명단에서 찾아볼 수 없다. 괜한 기대를 했던 내가 부끄러워진다. 그리고 부러워진다. 역시 난 이 학교의 구성원이 아닌 것인가, 하면서 조금 우울해져 있는데 여름방학에 할 일이 생각났다.

바로 연수! '그래! 연수를 듣자! 그렇지! 이것도 교사의 특권이라면 특권! 와우! 하하하.' 그렇게 오랜만에 신이 나서 이곳저곳 연수 사이트를 기웃거리는데, 옆에 있던 동료 기간제 교사가 툭 던지듯 말한다. "샘~ 그런 거 보면 뭐해요. 연수 받으면 또 뭐해요. 기간제는 네이스에 기록도 안 해 주는데……." '헉! 정말? 정말 그래요?'라고 대답하려던 순간 퍽! 하면서 떠올랐다. 나도 갈 곳, 가야 할 곳이 있었다. 잠시 잊고 있었던……

노.량.진.

교사를 만들어 낸다는 그 노량진이다.

'노'력하는 '량'만큼 '진'짜로 효율이 없는 곳. 그런 걸 알면서 가는 곳. 가야 할 것 같은 곳. 노량진이다.

해외는 무슨, 연수는 무슨…… 내 주제에…… 에효ㅠㅠ 추리닝이나 입자.

사람들은 지나가듯 말한다. 기간제 교사가 학교에 다니면서 임용 시험에 합격하기는 정말 힘들다고. 그런데 어찌하나. 사립학교에서 나를 정규직으로 받아 줄 확률은 매우 떨어지고, 심지어 내년에 다시 기간제 교사가 될지도 확실치 않으니 그냥 할 수 있는 최선의 몸부림이 임용 시험 준비인 것을.

정말 이거라도 안 하면 나 자신, 내 몸에 대한 예의가 아닌 것 같으니깐. 꿈틀거리기라도 해야 좀 살 것 같으니깐…….

계란이라도 바위에 계속 쳐야 할 것 같고, 밑 빠진 것 아는데 물을 계속 부어야 할 것 같은데……. 안 그러면 내 속이 터질 것 같은데……. 에효ㅠㅠ

아…… 나는 왜 공부를 좀 더 열심히 하지 않았지? 그때 열심히 했으면 임용 시험 붙었을 텐데.

아…… 나는 왜 머리가 이렇게 안 좋지?

아…… 나는 왜 학부를 졸업하고 너무나도 당연하다는 듯이 교육

대학원에 갔지? 남들처럼 토익 공부하고 자격증 따고 스펙 쌓아서 취직, 아니 그냥 일반대학원에 갈걸.

아…… 나는 왜 교육대학원 졸업하고 출판사에 들어갈 생각은 하지 않았지?

아…… 나는 왜 교직 이수 5명에 못 들었지? 그때 들었으면 이미 정교사가 됐을지도 모르는데.

아…… 나는 왜 하필이면 사범대를 가지 않았지? 수능 점수 조금 더 잘 나왔다고 왜 그리 호들갑을 떨었지?

아…… 나는 왜 주변에 이사장이나 교장 친인척이 없지? 왜 돈은 또 그렇게 없니.

아…… 나는 왜 하필이면 고등학교 때 지리 샘이 좋았지? 그 지리 샘은 왜 하필이면 우리 반에 들어온 거지?

아…… 그런데 나는 왜 교사가 되고 싶었지?

아…… 나는…… 나는 왜 이 모양 이 꼴로 태어났지?

아…… 맞다! 지구는 왜 탄생한 걸까? 에효ㅠㅠ

쓰리 고! 그 녀석이 외쳤다.

투 고와 쓰리 고가 가지는 느낌은 2점과 2배 차이만큼 크다.

뭐랄까. 갑자기 배를 쨀 수 있겠다 싶은 용기가 생긴다고 할까? '그래. 네 맘대로 한번 해 봐'라고 하면서 나를 어디든 툭 하고 던지게 만든다고 할까?

그리고 뭐랄까…… 슬프다.

아…… 나는 뭐지? 왜 난 이 판에 들어온 거지? 에효, 내가 미친 놈이지, 미친놈인 게지.

#4 포 고!

학년 말이다. 얼마 전 있었던 10월 임용 시험은 채점조차 하지 않았다. 시험장을 나오면서 괜히 공부했다는 생각을 했다. 방학에 연수를 듣거나 여행이라도 다녀왔으면 이 정도로 억울하지는 않았을 것 같다는 생각도 했고, 임용 시험을 핑계로 수업 준비도 소홀히 했는데 그것도 마구 후회됐다. 학생들은 무슨 죄인지, 참 묘하게 더러운 기분이다. 시험장 앞 중국집에서 짜장면에 고량주 한 잔을 했다. 잔을 들이키면서 자연스레 내 겸지를 봤다. 헉! 싫었다. 그래, 그래도 난 행복한 거구나. 이틀 후에는 그래도 학생을 만날 수 있으니깐.

하지만 쉽지 않다. 계속 그렇게 하면 안 되는데 안 되는데 하면서도 학생들 앞에서 정신은 계속 다른 곳에 가 있다. 수업 준비는 여전히 잘 못 하고 있다. 앞으로 한 달 후, 두 달 후의 모습이 두렵다. 그리고 내년이 두렵다. 무섭기도 하다. 그때는 내가 무엇을 하고 있을까? 만약 최악의 경우가 발생한다면 어떤 결정을 해야 할까? 복잡하다.

그렇게 복잡하던 어느 날, 수업 시간에 한 학생이 묻는다. "샘~ 우리 수능 끝나고 테드^{TED} 만들기로 한 거 잊지 않았죠?" 아, 맞다!

갑자기 울컥해진다. 어떻게 대답해야 할지 막막해진다. 학년 초에 테드 한 편을 보여 준 적이 있는데, 그것에 깊이 빠진 친구들이 있어 고등학교에서 테드와 비슷한 것을 만들어 보자고 약속했더랬다. 세상을 놀라게 해 보자면서. 그러나 한두 달 만에 끝날 프로젝트가 아니라 1, 2년이 걸리는 장기 프로젝트가 될 텐데 어떻게 대답해야 할지 막막하다. 내년엔 내가 없을 수도 있는데……. 왜 난 그런 약속을 했을까. 아…… 복잡하다.

"물론!"이라고 대답을 씩씩하고 좋프게 하면서 창가로 간다. 정말 날아가고 싶다.

왠지 모르게……

딱히 누구라고 하지는 못하지만, 아니 그냥 나를 포함한 모두에게……

미.

안.

했다.

복잡하다.

포 고! 그 녀석이 외쳤다.

미안했다. 그래도 내가 좋다며, 내 앞에 차곡차곡 앉아 있는 적지만 사랑스런 패들에게 미안했다. 이들은 그래도 나에게 기적이 있을 것이라고, 희망을 잃지 말라고, 다음 판도 있을 거라고 말하지만 나는 선뜻 대답하기 힘들다. 그냥 '그래도 고맙다'는 말만 속으로 되뇔 뿐 내가 그들에게 해 줄 수 있는 말은 없다. 미안했다.

#5 파이브 고!

"파이브 고에 피박, 광박, 멍텅구리 그리고 흔들기까지!"
  그 녀석이 외친다. 실실 쪼개면서……. 이젠 끝난 것을 아는지, 조목조목 피박, 광박, 멍텅구리, 흔들기까지 말한다.
  백이'씹'팔 배다.

  '재수 없다'는 생각조차 이제 들지 않는다.
  아…… 이게 말로만 듣던 '멘붕'인가? 지금 여기에 있는 나는 무엇이지?
  아…… 엎어 버릴까? 도망칠까? 그냥 잊고 싶다.

  아, 맞다! 희망이 하나 있긴 하다.

  나.가.리.
  확률은 매우 적겠지만 나가리가 있다. 그리고 어쩌면 더 확률이 적겠지만 그 녀석이 이 판이 끝나고 개평을 줄 수도 있다.

  그러면 다시 시작인데……

가능성이 있을까?

추운 겨울방학이 시작되었다.

#덧

소주 한잔 사 주세요. 아직 우리들에겐 검지가 있어요.

| 2012년 5·6월, 《오늘의 교육》 8호 |

조해수 중등 교사
날고 싶어서, 이런저런 깃털을 모으고 있습니다. 가끔…… '깃털 무게 때문에 날지 못하게 되면 어떡하지?' 하고 걱정도 하지만, 그럴 때면 '뭐 어쩔 수 없지! 나는 것을 포기할 테야! 멋진 닭이 되어 버릴 거야!'라고 생각하는…… 지리 교사입니다.

교사들의 '침묵', 이것은 무엇인가?

윤지형 부산 해강고 교사

1. 침묵의 언어

침묵이 갖는 힘의 진실을 부정하거나 모를 사람은 없다. 침묵은
아름답다. 침묵은 참되다.

침묵은 강력하다. 입만 다물고 있다고 해서 침묵인 것은 아니다.
침묵은 침묵이면서 말이고 말이면서 침묵이 되는 무엇이다. 그러
기에 그것은 별처럼 빛나는 함의를 내장하고 있고 갠지스 강변의

모래알보다 많은 언어를 숨기고 있다고 해야 한다.

"무엇이 참된 법(진리)입니까?"

제자가 묻자 부처는 말없이 꽃을 들어 대중에게 보였다拈華示衆. 아무도 그 뜻을 눈치 채지 못했으나 마하가섭만이 빙그레 미소했다. 부처의 법은 그렇게 전해졌다고 전해진다.

"무엇이 부처님의 참된 법입니까?"

제자가 묻자 조주 선사가 말했다.

"뜰 앞의 잣나무니라."

성동격서聲東擊西의 대답 — '잣나무'라는 말의 의미를 따라갔다간 법은커녕 잣나무조차 만나지 못한다는 걸 눈치채라는 침묵의 가르침이다. 부처의 법은 이렇게도 전해졌다고 전해진다.

또한 저 고매하신 보리달마는 말했다.

"부처의 참된 법은 마음에서 마음으로 전해질 뿐 문자를 세우지 않는다以心傳心 不立文字."

2. '침묵'의 현전, 2010년(1)

선생이 된 지 25년째가 되는 지난해 10월 초 어느 날 오후 부장 회의 시간. 늘 그렇듯 교장, 교감, 행정실장까지 포함해서 15명이 참석했는데 회의 말미에 교장이 하고 싶은 말이 있으면 하라고 권했다. 한 가지 작정해 둔 게 있어서 내가 말문을 열었다.

"이젠 정말 교가 좀 고만 틉시다. 꽃 노래도 한두 번이라는데, 선생님들과 학생들 모두에게 스트레스입니다."

처음이 아니었다. 교가 문제에 관한 한 나는 이미 두어 번 교장에게 좋은 말로 건의를 한 바였다. 교내 식당에서 같은 테이블에 앉게 되는 때를 이용해서, 말하자면 자연스럽게 말이다.

지난해 9월에 새로 부임한 교장은 정년퇴임한 전 교장보다 여러 면에서 훌륭했다. 새 교장이 교감일 때 같이 근무해 봤다는 몇몇 선생들은 그녀가 우리 학교로 온다는 소문이 나돌 때부터 지나치게 깐깐하다는 둥, 선생들을 쥐어짜서 못 살게 군다는 둥 하며 수군거렸다. 이젠 우린 모두 죽었다, 정말 피곤하게 생겼다, 이런 식이었다. 그러나 막상 나타난 교장은 늘 웃는 얼굴에 합리성도 있어 보이고 나름의 경영 마인드를 가진 사람이었다. 일머리도 모자란데다 턱없이 권위적이었던 전 교장에 비하면 격(!)이 달랐다. 학생을 대하는 태도도 그랬다. 전 교장이 어린 중학생들 앞에서 목소리만 큰 육군 상사처럼 굴었다면 새 교장은 자상한 젊은 할머니였다. 그런데 새 교장이 오자마자 벌인 몇 가지 소소한 일들 중에 교사와 학생 모두를 짜증 나게 하는 게 하나 있었으니 그것은 아침 등교 시와 점심시간, 그리고 하교 시, 이렇게 세 번을 온 교정에 커다랗게 교가가 울려 퍼지게 한 것이었다. 그것도 한때에 세 번씩을 반복해서! (나중에는 때마다 한 번씩으로 줄어들긴 했다.) 교무실의 선생들은 혀를 차기도 하고 짜증을 내기도 했지만 그러고 말 뿐이었기에 내가 결국 한 번 더 말을 꺼낸 거였다. "그게 학생들로 하여금 교가를 자연스레 익히도록 하기 위한 것이라면 이제 한 달이 넘었으니 그 교육적 목적은 충분히 달성되었다고 봐도 좋지 않겠느냐"는 말도 덧붙였다. 부장 교사 두엇이 공감을 표시하는 듯 쿡쿡, 하고 웃었다. 그러자 교장도 빙긋 웃으며 대응했다.

"그래도 학생들은 아주 좋아하는 것 같은데……?"

"글쎄요, 설문 조사라도 한번 해 볼까요? 여하튼 저로선 여간한 스트레스가 아닙니다."

교장은 잠깐 생각하더니 물었다.

"다른 부장님들도 같은 생각입니까?"

예. 좀 그렇습니다, 교장 선생님.

누군가로부터 이런 대답 정도는 퍼뜩 나올 줄 알았다. 교무실에서나 식당에서나 적지 않은 선생들이 교가에 대해 불만을 토로한 바 있고, 그날 회의실의 공기도 험악과는 거리가 멀었기 때문이다. 누구라도 농담 한마디는 던질 수 있는 그런 느슨한 분위기였던 것이다. 그러나 종내 아무도, 그 아무도 말이 없었다. 아무도 입을 열지 않았다.

째깍, 째깍, 째깍…….

침묵이 1분여를 넘기자 회의실은 숨 막힐 듯 갑갑해졌다. 누구나 다 그랬으리라. 그러자 현명하게도 교장이 침묵을 깨며 결론을 냈다.

"말 않고 계시는 걸 보니 다들 윤 부장 말에 공감하는 모양이군요."
다시 다들, 침묵.

3. '침묵'의 현전, 2010년(2)

선생님들의 관심을 호소합니다.

어제 저는 퇴근길에 부산시교육청에 다녀왔습니다. 그 정문 앞으로
150여 명의 선생님들이 모여 있는 가운데 단상 쪽 펼침막엔 '민노당
후원 교사 징계를 철회하라'는 글귀가 크게 쓰여 있었습니다.

언론 보도를 통해 아실 테지만 지난 5월, 민주노동당에 매달 1, 2만 원의
후원금을 낸 전교조 교사 183명(부산 23명)을 검찰이 기소하자 교과부
는 기다렸다는 듯 각 시·도교육청에 이들을 당장 배제징계(파면·해임)
하라고 요구했더랬습니다. 하지만 그 후 6.2 지방선거가 있었고, 6개
시·도에서 진보적 교육감이 당선되었고, 그와 함께 여론이 정권 측에
불리하게 돌아가자 교과부는 징계의 칼날을 슬그머니 감추었지요. 그
런데 교과부는 며칠 전 설동근 신임 교과부 차관이 주재한 전국 부교
육감 회의를 통해 바로 오늘인 11월 29일까지 징계를 마무리하라고
다시 지시를 내렸더군요. (중략)

어제 교육청 정문 앞 집회 현장에서 우리 학교 B 선생님의 남편이며
23인 중의 한 사람인 L 선생님을 만났습니다. 저와 비슷하게 벗겨진 머
리에 수염까지 기른 얼굴로 환하게 웃으며 악수를 청하더군요. 와 줘
서 고맙다고요. 기온이 급강하한 그저께와 어제, 그를 포함한 23명의

해당 선생님들은 교육청 본관 앞 차가운 바닥에서 밤을 새웠습니다. 마음속으로 눈물이 났습니다. 아, 언제가 되면 우리 교사들은, 민주주의 좀 제대로 해라, 니네들 힘 있는 자들 경쟁의 논리로 아이들 그만 괴롭혀라, 강과 자연을 훼손하지 마라, 이렇게 소리칠 필요 없는 세상에서 마음 편히 아이들 가르치는 일에만 전념할 수 있을까, 하고…….

저는 새 교육감님이, 정부의 강권에도 불구하고 징계 여부는 법원의 판결 이후로 미루겠다는 서울·경기·강원·전남·전북·광주의 새 교육감님들처럼 우리 선생님들을 지켜 주기를 간절히 바랍니다. 그러도록 하기 위해서는 선생님들의 따뜻한 관심과 동료애가 꼭 필요합니다.

지난해 11월 29일 아침, 교내 메신저(학교에 따라 '쿨cool 메신저'라고도 하고 '핫hot 메신저'라고도 하는)에 교장에서 행정실 소속의 목수에 이르기까지 교직원 모두에게 위와 같은 메시지를 띄웠다. 오후 늦게 답장이 하나 왔다.

"기분도 별론데 오늘 마치면 막걸리나 한잔합시다아."

유일한 짧은 답장이었는데, 그 발신인은 5월엔가 내가 술을 한잔산 적이 있는, 쾌활한 성격의 목공실 주사였다. 교사들의 답장은 없었다. 점심시간 식당에서 나와 마주 앉은 동년배 교사도 복도에서 마주치는 전교조 조합원 교사도, 적어도 내게는, 징계 문제에 관한 어떤 방식으로든 촌음의 관심도 표명하지 않았다, 하루 종일. 물론 남편이 징계 대상자인 B 선생에게는 몇몇 여 선생님이 말을 붙이는 걸 나는 보았다. 또한 7명의 조합원 교사들은, 그 관심의 농도에는 차이가 있을지언정 이미 이심전심이라 여겨도 좋았다(사실 그랬다 — 모두는 아닐지라도). 그래서 생각해 본다. 나는 메신저에 그런 글을 날려 놓고는 무얼 기대한 것일까? 아무것도 기대하지 않았다고 한다면 모순이겠다. 하지만 나는 정말 아무것도 기대하지 않았다, 아무것도. 10년, 20년 동안, 교사들의 저 무서운, 저 이해할 수 없는, 저 슬픈 침묵을 나는 보아 왔다. 그리고 오늘 나는 그 교사들이 무섭지도, 이해할 수 없지도, 슬프지도 않다. 그렇게 되었다.

4. '침묵의 교단'과 '노예 같은 침묵'을 깨고 나섰던 교사들의 추억

1960년 4.19혁명의 위대한 열매였던 교원노조가 이듬해 5.16 군사정권의 폭정으로 처참하게 짓밟히자 교사들은 강요된 침묵과 좌절의 늪 속으로 빠져들었다. 그 세월이 너무 길었던 탓일 터다. 교사들은 어쨌든 먹고살아야 했고, 자연 길들여졌고, 소시민의 쥐꼬리 안락을 탐했고, 타락했다. 단테의 한 구절을 떠올린다.

> 깃발을 따라 사람들이 길게 늘어서 있었다.
> 죽음이 그렇게 수많은 사람들을 쓰러뜨렸다는 것을
> 난 믿을 수 없었다.
>
> — 단테 알리기에리, 《신곡》 지옥 편 3곡 중에서

학교, 천 개의 섬

그러니까, '강요된 침묵이 그토록 수많은 교사를 쓰러뜨렸다는 것을/ 난 믿을 수 없었다'고 나는 말하고 싶은 것이다. 그랬기에 교사들이 1989년 5월 전국교직원노동조합의 깃발과 함께 분기했을 때 아마도 가장 많이 목 놓아 부른 노래는 이러할 수밖에 없었으리라.

굴종의 삶을 떨쳐/ 반교육의 벽 부수고
침묵의 교단을 딛고서/ 참교육 외치니
　　　　　　　　　　— 〈참교육의 함성으로〉 1절, 첫 구절

속아서 살아온 세월/ 노예 같은 침묵의 세월
더 이상 참을 수 없어/ 전교조 깃발 높이 올렸다
　　　　　　　　　　— 〈전교조 투쟁가〉 2절, 첫 구절

그전에 이미 YMCA중등교육자협의회 소속 교사들의 5.10교육민주화선언(1986년)이 있었고, 1987년 6월 민주항쟁의 열기 속에서 가을에는 전국교사협의회가 건설되면서 일선 학교에서는 평교사협의회가 속속 결성되었다. 부패와 억압의 복마전 같은 사립학교의 교사들도 그야말로 '떨쳐' 일어났다. '아이들의 초롱한 눈망울 앞에서' 더 이상은 부끄러운 침묵을 계속할 수 없음을 교사들은 학교 안에서, 학교 밖에서, 그러니까 만천하에 선언하고 나섰던 것이다. 기만의 죽은 침묵이 한번 깨지자 참되고 생명 있는 말은 봇물이 되어 터져 나왔다. 침묵을 깬 대가는 혹독한 것이었지만(사립학교민주화운동에 앞장서다 쫓겨난 300여 교사들과 전교조 결성과 관련해 해직된 1,500여 교사들의 고난만 생각해도 그러하다. 함께했던 수만의 교사, 수십만 학생들의 피와 땀과 눈물은 잠시 밀쳐 두더라도), 그 선물은 그 대가를 치르고도 남음이 있었다. 침묵을 깸으로써 열린 교사들의 저 초유의 자유와 첫사랑의 문, 그 문은 한번 열리면 다시는 닫히지 않는다는 진리(법)의 문을 닮아 있지 않은가. 다시금 지옥의 변방으로 추방당한다 할지라도, 절해고도의 감옥에서 입에 재갈을 물게 된다 할지라도 어둠의 벽을 뚫고 비추는 한 줄기 빛처럼 그 자유와 사랑의 문은 내 가슴속에 영원히 열려 있을 것이기에.

5. '그리고 아무 말도 하지 않았다'

학교 식당의 점심시간 풍경을 떠올려 본다. 교사들은 사실 참 많은 말을 한다. 하긴 교사는 말로 먹고사는 족속이라지. 어쨌든 교내 식당의 밥상에는 다른 무엇보다 인터넷에서 공급되는 갖가지 뉴스들이 교사들의 입을 통해 올라온다. 이따금 놀람과 한탄과 웃음과 자조도 울려 퍼진다. 그런데 그러고는 그만이다. 어떤 이야기도 모두들 알고 있거나, 알아도 그만 몰라도 그만인 뉴스에 지나지 않는 것이다. 물론 밥상머리에서는 그래야 한다(밥상머리에서 심각한 얘기를 꺼내는 자에게 저주가 있을진저!). 하지만 딴은 그것도 아니다. 북의 연평도 포격 뉴스만큼 충격적인 뉴스가 있나? 그

러나 이것도 별 무리 없이 밥상에 오른다. 그것도 여러 번. 중학생
이 여교사를 때린 뉴스만큼 심각한 뉴스가 있나? 이것도 당연 밥
상에 오른다. 그것도 여러 번. 때론 G20(이때 G는 '지'가 아니라 '쥐'
로 일단 읽어야 하는데) 정상회담 서울 개최를 홍보하는 포스터에 쥐
를 그려 넣은 대학의 미술 강사가 경찰에 체포되었다는 정말 중대
한 뉴스도 밥상에 오른다. 그러니까 연쇄 살인범 뉴스도 있고, 현
대자동차 노동조합의 파업 뉴스도 있고, 학교에서 가까운 아파트
25층에서 뛰어내린 고교생에 관한 뉴스도 있다. 때론 평생 삯바느
질로 모은 전 재산을 대학에 몽땅 기부한 어떤 할머니의 미담 뉴
스도 끼어들긴 한다. 그러나 이런 심각하지 않은 뉴스보다 심각한
뉴스가 압도적으로 많다. 해만 뜨면 쏟아지는 심각한 뉴스들. 여기
에 교사들은 포위되어 있다. 하지만 그래서 어쨌단 말인가? 그 어
떤 것도 점심밥의 맛을 돋우는 가십거리일 뿐이라면…….

   때론 연평도 사태 같은 걸 놓고서는 '조·중·동'과 '한겨레·경향'
이 교사의 입을 통해 대리전을 치르기도 한다(아주 드문 일이긴 한데
왜냐하면 이런 사안의 경우 '조·중·동'은 대체로 대놓고 떠들어 대기 십
상인 데 반해 '한겨레·경향'은 진작 입을 닫아 버릴 때가 많으니까). 그러
나, 어쨌든 분명한 것은 연평도 문제가 전쟁과 평화에 대한 성찰
로 이어지는 일은 좀체 일어나지 않는다는 사실이다(점심 밥상머리
에서 그걸 굳이 기대한다는 건 아니지만). 학생의 교사 폭행 사건 뉴스
도 마찬가지다. 여기에 관한 한 교사들의 공분이 있다. 한탄과 자
조도 있다. 그리고 그뿐이다. 이것이 승자독식이라는 무한경쟁 사

회의 폭력성을 되돌아보는 계기로 얘기가 진전되는 법은 없다. 거기까지 가선 안 된다는 묵약이 있는 것일까? 침묵의 약속! G20 광고 포스터에 쥐를 그려 넣은 젊은 화가가 경찰에 체포되었다는 뉴스는 교사들 사이에서도 적지 않은 말들을 불러일으키지만 어느 순간엔 다들 시들하게 입을 다문다. 그것은 그 뉴스가 '그렇다면 대한민국은 민주공화국인가'라는 불온한 질문으로 이어져서는 안 된다는 어떤 묵약, 침묵의 약속 때문이 아닐까, 나는 의심한다. 혹은 '민노당 후원 전교조 교사를 향한 초법적 칼날이, 현 정권의 전교조 죽이기라는 무지막지한 칼날이 결국엔, 법 없이도 살아갈 자신만만한 당신, 혹은 쑥쑥 성장해 갈 당신의 사랑스런 아들딸을 향한 칼날이 될 수 있다는 사실을 생각할 줄 알아야 한다'는 말 따위는 아무리 옳고 그럴듯해 보여도 속으로 그러려니 하고 말아야지 그쪽으로 한 걸음이라도 내디뎌선 안 된다는 자신과의 묵약, 침묵의 약속을 깨어서는 안 된다! 그렇지 않으면 내 (가족의) 평화가 깨질지도 모르니까, 공연히 그럴 필요가 없는 것이지, 앞만 보고 달려도 벅찬 인생인데! 이렇게 교사들은 말없이, 외치고 있는 것만 같다. 두려움에 떨면서, 혹은 두려움에 떨고 있다는 사실 자체도 모르면서. 그렇다면 그들은 수많은 말들 속에서도, 혹은 죽음 같은 침묵 속에서도, 결국엔 '그리고 아무 말도 하지 않았다'는 셈이 되는 것이리라.

6. 깨어져야 할 침묵과 존재해야 할 침묵

홀로 내게 물어본다.

정녕 교사들은 다시금 깊은 침묵의 바다 밑으로 가라앉아 버린 걸까? ('다시금'이라 한 것은 '노예 같은 침묵'을 깨고 나왔던 시절도 있었기 때문이다. 1960년 4.19 교원노조와 1989년 5.28 전교조를 다시 상기하라.) 그런 걸까? 그렇다면 '다시금' '침묵의 교단을 딛고서' 외칠 날도 오겠지. 그 침묵은 가당찮은 MB 정권의 폭정과 음양으로 관련되어 있다는 의미에서 정치적 함의도 있는 것이니까. 그러니까, 좋은 세상이 오면 교사들의 입도 절로 열리겠지. 근데 생각하건대 이것도 아니야. 교사들이 긴긴 침묵을 깬 것은 좋은 세상이 와서가 아니라 나쁜 세상이 너무 오래 지속되어 더는 참을 수 없게 되었기 때문이었잖아? ('더 이상 참을 수 없어 전교조 깃발 높이 올렸다'는 노래가 그냥 나온 건 아니다.) 그렇다면 지금 대다수 교사들이 침묵하는 건 지금 세상이 좋다는 걸까? 그럴지도 모르겠다. 그래서 MB 정권은 탄생한 거니까. 그럼 돈의 논리, 시장의 논리, 약육강식 경쟁의 논리가 학교와 세상을 잠식해 가고 있는 현실에 대한 교사들의 침묵은 강요된 침묵일까 자발적 수용의 침묵일까? 혹은 강요된 침묵을 자발적으로 수용하게 되고 만 것이라고 할까? 나는 모르겠다. 이럴 때는 이것에 가깝고 저럴 때는 저것에 가까운 무엇이겠지……. 정말 모르겠다고 고백할 때가 된 것 같다. 오늘도 목도하고 내일도 목도하게 될 교사들의 침묵에 대한 정치경제학적 분석과 고찰은 애초 내 몫이 아니었다고, 능력 밖이라고, 사회학적 접근도 심리학적 접근도 마찬가지라고. 그래서 나는 거기로부터 도망치곤 해 왔다. 그러한 분석과 고찰과 접근의 효용 가치를 부정해서가 아니라 내게 때로 그것들은 매우 휘발성이 강한 무엇이기 때문이다. 이제 나는 그쪽으로부터 고개를 돌린다. 그러면 이쪽엔 무엇이 있나……. 이를테면, 파스칼이 있다고 해야겠다.

> 이 무한한 공간의 영원한 침묵이 나를 두렵게 한다.
>
> — 블레즈 파스칼, 《팡세》 제15편 중에서

저 우주적 침묵 앞에서 두려워할 줄 아는 존재로서 교사를 생각한다. 그 침묵, 그 존재론적 두려움에 대한 성찰 내지는 응시 없는 어떤 말도, 침묵도 이미 헛되다는 가르침을 생각한다. 다시 말해 나는 지금 교사의 실존, 침묵의 실존을 생각한다. 어떤 실존도 정치경제학적 토대, 혹은 역사적·사회적 상황을 배제하고는 그 실상이 충분히 드러나지 않는다는 사상이 갖는 진실의 위력에도 불구하고 나는 오늘, '토대'와 '상황'의 고리를 끊어 낸 어떤 자리의 교사의 실존을 생각한다. 교사 이전에 한 인간인 존재, 그러기에 인간의 궁극적 진실, 전취해야 마땅할 진리(법-적멸)를 지향하는 존재로서 교사의 실존을 생각하는 것이다. 그래야만 교사들의 침묵의 참된 실상도 드러날 것이므로.

어찌해야 할 바를 모르면서, 캄캄한 밤하늘에 별은 빛나고 있기에, 감연히 말해 본다.

나여, 교사여, 침묵을 깨라. 그리함으로써 정녕 침묵에 이르라.

| 2011년 1·2월, 《오늘의 교육》 창간준비호 |

윤지형 부산 해강고 교사
늘 푸른 바다의 동네인 부산, 내성고등학교에서 국어를 '배우며 가르치며'를 하고 있습니다. "나를 등불 삼고 법(진리)을 등불 삼으라自燈明 法燈明"라는 부처의 가르침을 마음에 새기면서.

교실
속에 갇힌
교사

지아 초등 교사

밤 10시가 다 되어 학교에서 돌아왔다. 먼저 집에 온 딸내미는 제 방에 박혀 빼꼼 얼굴만 내밀고는 다시 들어가고 거실 한가운데 놓인 식탁엔 남편이 술상을 차려 놓았다. 퇴근하면서 술 마시고 싶다고 전화했더니 남편은 이게 웬 떡인가 싶었나 보다. 만날 술 먹는다고 잔소리하는 마누라가 먼저 술 먹자고 하니 오늘은 맘 편하게 술을 먹겠거니 했을 것이다. 들떠 있던 남편은 하얗게 질린 내 얼굴을 보고 웃음기를 거둔다.

"무슨 일이냐?" "어쩌다……." 이런 힘없는 말만 몇 마디 하고 열심히 내 잔에 술을 부어 준다. 남편과 술잔을 기울이며 대충 학교에서 있었던 일을 이야기하자 몸의 떨림도 가시고 진정된 듯해 자려고 누웠는데 다시 정신이 가닥가닥 곤두선다. 학교의 긴 복도에 꽉 찬 어둠이 새삼 어깨를 짓눌러 왔다. 어둠 속에서 누군가와 중얼중얼 대화를 나누던 선생님의 모습이 너무나 비현실적이면서도 선명한 영상으로 되살아났다.

1학년 아이들이 유일하게 5교시를 하는 목요일이었다. 우리 반 아이들과 한창 피구를 하며 놀고 있는데 어지럽게 뛰어다니는 아이들이 있었다. 뛰는 아이들 몇을 붙잡고 물었더니 3반이란다. 3반이라면 내년에 정년을 앞둔 가장 나이 많은 선생님 반이다.

"너희 왜 나왔어?"

"그냥요, 우리 선생님 밥 먹고 있어요."

"뭐라고?"

그 순간부터 이상한 생각이 덜컥 들면서 다리가 후들거리기 시작했다. 며칠 전부터 선생님이 이상하다 싶었다. 사람을 쳐다볼 때 처음 보는 것처럼 한참을 쳐다본다든가, 10m밖에 되지 않는 복도를 걸음마다 기도를 하며 30여 분에 걸쳐서 지나가는 등 얼마 전부터 이상한 모습을 보였다. 아니, 작년부터 이상한 조짐이 보이기는 했다.

자꾸만 주변의 동료 교사들에게나 학부모들에게 종교적 예언 같

은 것을 하고 자신의 기도로 시력이 다 좋아졌다며 반 아이들의
안경을 모두 벗게 한다든지, 아이들의 생활 태도나 몸의 문제를
기도로 다 해결했다고 공언하곤 했다.

"너희들 이리 모여 봐. 같이 들어가자."

나는 우리 반 아이들에게 싸우지 말고 놀라고 당부하곤 3반 아
이들을 챙겨 교실로 갔다. 들여다보니 가슴이 턱 막힌다. 교실은
난장판이고 아이들은 제각각 뒹굴고 뛰고 그 속에서 선생님은 허
공에 시선을 고정한 채 꾸역꾸역 밥을 먹고 있었다. 순간 치매인
가 싶었는데 분명히 치매는 아니다. 나도 알아보고 내가 갑작스럽
게 자기 교실에 왜 들어왔는지 묻는다.

"선생님, 왜 지금 밥을 드세요?"

어딘가에 가 있는 정신을 붙잡고자 일부러 어깨를 잡으며 말을
붙였는데 선생님의 시선은 허공을 헤맸고, "아주 중요한 일이 있
었다"라는 간단한 대답만 하고 숟가락질을 계속한다.

"선생님, 점심시간 지난 지 한참이고요, 아이들이 수업하려고 이
렇게 앉아 있잖아요. 제가 수업할까요?"

일단은 교실 상황이 너무 엽기적이라 아이들을 데리고 나올 명
분으로 한 말이었다.

"그럼 좀 도와줄래요? 내가 아주 중요한 일이 있어서……."

가슴이 쿵쾅거리고 다리가 후들거린다. 얼마 전에 선생님이 조
금 이상한 것 같다고 학교 측에 이야기했다. 이런 상황까지 조금
은 예견을 하면서……. 만일 상황이 악화되면 교사로서, 아니 인간

으로서 존엄성마저 무너질 것 같고 또 아이들이 받을 충격은 어쩌나 싶어 그 전에 조치해야 한다는 생각에서였다. 학교에서는 병가를 권했지만 선생님께서 받아들이지 않겠다고 고집을 부렸고, 가족들 또한 아무런 언급이 없어 강제로 쉬게 할 수 없었다는 이야기만 전해 들었다.

슬펐다. 사람이 어느 순간 병이 나고 더구나 그 병이 정신적으로 왔을 때, 나 스스로 나를 어쩌지 못하고 이성적인 판단도 안 돼 남에게 보이고 싶지 않은 모습을 보여 주는 것이 얼마나 치욕이겠는가? 그리고 병이 들었을 때는 어찌 됐든 곁에 사람이 있어 두렵거나 외롭지 않게 해야 한다. 무심한 가족과 학교의 처사가 분노스럽고 서글펐다.

휴대폰으로 교장 선생님께 연락해 상황을 이야기하고 교실에서 아이들을 데리고 나왔다. 우리 반 아이들은 여전히 신 나게 피구를 하고 있다. 두 반 아이들의 가방을 챙겨 하교를 시키려고 하는데 아이들이 내 뒤를 자꾸 이상한 눈으로 본다. 돌아보니 언제 나왔는지 선생님이 내 뒤에 서 있다.

"제가 선생님 반 아이들도 집에 잘 보내 줄게요. 교실에 계세요"라고 했더니 나에게 부탁할 것이 있단다.

"지난번에 날 도와준다고 했지? 이번에 날 좀 도와줘."

"네, 뭐든지 도울게요. 일단 아이들 하교시키고 선생님 반으로 갈게요. 들어가 계세요"라고 해도 날 졸졸 따라오신다.

아이들을 하교시키고 선생님을 정면으로 마주 봤다. 정말 많이 마르셨고 얼굴색도 노랗다. 눈은 여전히 어딘가를 헤매고 있다. 이렇게 되는 동안 우리도 참 무심했구나 싶었다.

"뭘 도와드릴까요?"

"내가 내일 아주 중요한 면담이 있어. 그래서 내 자리에 앉아 있어야 하는데 선생님이 내 수업 좀 해 줘. 그리고 나에게 말을 붙여도 안 되고 나를 건드려도 안 돼."

가슴이 벌벌 떨리고 무섭다. 도대체 무슨 말인지 알아들을 수도 없다. 그래도 무조건 그러겠다고 했다. 그때 마침 교장, 교감 선생님이 왔다. 그러나 선생님은 교장, 교감 선생님을 쳐다보지도 않고 방과후수업도 나에게 맡아 달라고 한다.

연세도 많고 최근 들어 쓰러질 정도로 마른 선생님이 방과후수업까지 하느라 이만저만 힘들어 보이는 게 아니었다. 전부터 대신해 주겠다고 해도 완강히 거부하던 선생님이었다. 다시 무조건 "예"라고 대답하곤 피곤해 보인다며 집에 가시라고 하자 아니라며 절대 자기 교실을 들여다보지 말라고 당부하시고선 긴 복도를 따라 걸어가신다. 그러고는 자기 반 교실 앞 복도에 서서 교실 안을 들여다보는 자세로 끝없는 기도를 하며 보이지 않는 누군가와 대화를 했다. 대낮이던 복도가 어둑어둑해지고 아주 새까매지도록 선생님의 기도인지 대화인지 알 수 없는 웅얼거림은 계속되었다. 불을 켜지 말라는 통에 그냥 지켜볼 수밖에 없었다. 칠흑처럼 어두운 복도에서 교실 안을 들여다보고 있는 선생님의 모습은 공포 그 자체였다. 선생님이 혹시 쓰러지거나 집에 가신다고 하면 모시고 갈까 해서 기다리는데 기도는 끝날 줄 몰랐다. 다음 날까지 이어질 기세였다.

교장 선생님도 사태의 심각성을 깨닫고 가족과 연락을 취하기 위해 백방으로 뛰었다. 뒤늦게 연락이 닿아 달려온 남편분은 선생님의 이상행동에 대해 이미 알고 있었다. 남편분 또한 잠도 자지 않고 먹지도 않고 늘 기도만 하는 선생님을 병원에 데려가기 위해 노력했지만 말을 듣지 않아 지쳐 있다고 했다.

왜 진즉 학교에 연락해서 적극적인 방법을 취하지 않았느냐고 물었더니 자식들에게 혼란을 주고 싶지 않았단다. 큰아들은 미국에서 공부하느라 6년 동안 한 번도 귀국한 적 없고, 결혼한 작은아들은 대기업에 다니느라 바쁘고 승진 시험을 준비하고 있어 부담을 주고 싶지 않았다고 한다.

그래도 자식들이 어머니의 상태에 대해 당연히 알고 있어야 할 것 같아 연락을 취하도록 했다. 1시간 후쯤 나타난 아들의 표정은 뜻밖에 담담했다.

"엄마는 오래전부터 그랬어요. 형도 없는데 내가 어쩔 도리도 없고……. 집으로 모셔 가도 아버지도 나도 감당할 수 없어요."

설득하거나 매달려서라도 선생님을 저 상황에서 벗어날 수 있게 하리라 기대했지만 서른이 넘은 아들도 선뜻 엄마 곁으로 다가가지 못했다.

선생님의 기도인지 대화인지는 9시를 넘어서까지 계속됐다. 우리는 어두운 복도 끝에서 막막히 지켜볼 수밖에 없었다. 교무실에서 연락이 왔다. 가족들이 병원에 연락했다며 강제로라도 입원시키기로 했단다.

이내 병원 차가 도착했고, 선생님과 가족들을 태우고 학교를 빠져나갔다. 어둠이 완전히 내린 학교가 을씨년스럽게 선생님이 탄 차를 배웅하는 듯했다.

그렇게 선생님이 떠나는 것을 보고 집으로 오는 차에 타자 두려움과 서글픔이 한꺼번에 밀려왔다. '무엇이 선생님을 저렇게 만들었을까?' 정신적인 병이 오는 것은 어느 한 가지 원인 때문은 아닐 것이다. 학교의 웬만한 업무가 다 전산화되면서 좋은 면도 있지만 그렇지 않은 점도 많다. 초등학교는 교사들이 서로의 얼굴을 보지 못하고 하루를 넘길 때도 잦다. 젊은 교사들처럼 컴퓨터에 익숙하지 않은 나이 든 교사들은 컴퓨터를 통해서만 소통하고 모든 업무를 처리해야 하는 상황이 많이 삭막하고 힘들었을 게다.

더구나 수기로 업무를 처리한 세월이 더 많은 선생님에게 컴퓨터는 거대한 산이었을 것이다. 블랙박스라는 성적 입력 프로그램을 겨우 극복할 만하니 네이스가 기다렸고, 네이스를 넘으니 전자결재 시스템이 들어오고, 그것에 적응할 만하니 이젠 회계 업무도 에듀파인이라는 시스템으로 전산화되어 버렸다. 연수받고 익히면 되지 않나 하지만 컴퓨터에 익숙하지 않은 사람이 계속 새롭게 변해 가는 시스템에 적응한다는 것은 쉽지 않다.

선생님은 맡은 업무를 전산으로 기안하고 예산을 요구하고 집행하고 검수하는 그 과정이 너무나 버거워 누구라도 보이면 붙잡

아 도움을 요청했고, 밤늦은 시간에도 젊은 교사들에게 전화하곤
했다. 그러다 보니 동학년 교사들은 자꾸 선생님을 피하고 싶어
했고, 차라리 대신해 주는 게 낫겠다 싶어 대신해 주기도 했다. 그
러면서 차츰 선생님은 교실 속으로 소외되기 시작한 것 같다. 교
사들은 업무뿐만 아니라 교육과정을 짜거나 이런저런 교육 활동
에서 선생님을 배려해 업무를 나눴다. 교사들의 배려가 선생님께
는 소외가 됐을 수도 있음을 간과한 것이다.

"내가 할 수 있는 일은 최선을 다해 한다."

선생님이 입버릇처럼 했던 말이다. 일을 하자니 갈수록 복잡해
지는 시스템이 무섭기도 하고 오히려 일에 방해가 되는 것 같기도
하고, 그렇다고 그냥 아무 일도 맡지 않자니 괜히 미안해서 하신
말일 게다.

선생님은 말씀처럼 반 아이들을 위해 자신이 할 수 있는 일에 온
힘을 다했다. 특히 바른 글씨 지도와 독서, 급식 지도 같은 기본적
인 생활지도에 열을 올렸다. 너무 열심히 지도하다 보니 불만의
목소리가 터질 만큼. 그 반 아이들은 하루에 15권 이상의 책을 독
서 기록장에 기록해야 했고, 식판은 항상 깨끗이 비워야 했다. 선
생님은 선 그리기가 아이들 발달에 좋다는 이야기를 듣고선 어떤
공책이든 빈틈만 보이면 색연필로 선을 긋게 하기도 했다.

선생님은 방과후수업까지 신청해 맡으셨다. "내가 아이들에게
몇 년이나 더 해 줄 수 있겠냐"라며 당신이 할 수 있는 일은 무엇
이든 놓으려고 하지 않았다. 그러니 늘 쫓기고 허덕거렸고 그러면

서 선생님의 어깨는 지쳐 갔을 것이다.

우리들의 꽉 닫힌 교실 문을 떠올려 본다. 특히 초등학교 교실은 닫힌 문을 열고 들어가기가 쉽지 않다. 예전처럼 오후에 모여서 아이들이나 집안 이야기 등 소소한 이야기를 나누는 모습은 사라진 지 오래다. 각자의 교실에서 근무하는 초등학교는 교사들을 철저하게 교실에 가둔다.

방과후수업이 있는 날이면 예전처럼 옆 반 교실에서 함께 업무를 보기도 힘들다. 업무에 허덕이는 처지를 서로 아는 터라 컴퓨터 앞에서 일하는 동료 교사에게 말을 붙이자니 방해하는 것 같고, 혼자 우두커니 앉아 있기도 뭣하고……. 그래서 교사들은 복도나 다른 반 교실 뒤에 앉아 손으로 할 수 있는 일을 하다가 방과후수업이 끝나면 총총히 자기 교실로 돌아올 수밖에 없다. 상황이 이렇다 보니 누가 얼마나 아픈지, 이상한 행동을 하는지, 어떤 도움이 필요한지 사실 잘 알지 못한다.

그래서 나는 학교 바깥에서 이런저런 모임을 갖고 거기에 많은 공을 들인다. 거기선 아직 내 이야기를 하며 존재 이유도 느끼고 서로 도움도 주고받으며 살아 있음을 느끼기 때문이다.

어쩌면 그래서 선생님도 더욱더 종교라는 끈을 손바닥이 패이도록 잡고 있지 않았을까 싶다.

밤새 나는 등 뒤의 어둠이 무서워 가위눌린 듯 돌아눕지도 못했다. 학교 건물과 그 복도를 다시 쳐다볼 수 있을까 하는 두려움도 들었다.

　다음 날 출근을 했고, 그 까맣던 복도에 들어섰다. 어젯밤 그 일을 본 사람은 몇 안 되는데 벌써 학교는 다양한 이야기들로 수군거린다. 선생님 반 복도와 교실을 둘러보았다. 벌써 선생님을 대신할 임시 교사가 와 있었다.

　그 반 아이들이 나에게 알은체한다. 그리고 시키지도 않은 이야기를 한다.

　"선생님, 우리 선생님 아프대요. 그래서 병원에 가셨어요."

　"그래? 어디가 아프신데?" 하고 모른 척 물었다.

　"몰라요. 선생님, 우리 선생님 병문안 가고 싶어요. 선생님은 어느 병원인지 아세요?"

　"나도 잘 모르니까 알게 되면 같이 가자" 하고 교실을 나왔다.

　다행히 아이들은 어제 상황을 충격적으로 기억하지는 않는 것 같았다. 그저 담임 선생님이 힘드셔서 옆 반 선생님이 집에 보내주었던 날 정도로 기억하나 보다. 학부모들도 소식을 들었는지 교실을 다 뒤엎듯이 정리하며 선생님 짐까지 정리했다. 연말까지 병가를 내기로 하셨단다.

　선생님이 쓰던 짐들이 창고 옆에 쌓였다. 그 두덕두덕 쌓인 짐 속에 선생님의 40년 교직생활이 초라하게 구겨진 듯해 얼른 외면하고는 서둘러 우리 반 교실로 향했다. 아이들이 떠난 교실마다 교사들이 혼자 남아 있다. 교실 문은 예외 없이 닫혀 있고 교사들은 컴퓨터 앞에 앉아 분주하게 업무를 보고 있다. 우리 반 교실에 들어온 나도 이내 문을 닫았다.

| 2011년 1·2월, 《오늘의 교육》 창간준비호 |

학교, 천 개의 섬

지아 초등 교사

20여 년 교사생활을 했습니다. 어떤 아이들과 어떤 관계를 맺느냐가 1년의 행복을 좌지우지한다고 생각했는데 몇 년 전부터는 아이들과의 관계 못지않게 교사들 간의 관계도 중요하다 싶어 끊임없이 관계의 끈을 만들고자 합니다. 끈을 놓아 버린 교사들의 쓸쓸함을 본 까닭이지요.

승진의
굴레에 갇힌
우리 시대 교사의
자화상

박진환 충남 천안 차암초 교사

'김해 초교 여교사 교실서 목매 자살'

2010년 12월 6일, 인터넷 포털에 무척이나 선정적인 기사 제목이 올라왔다. 김해라는 곳은 내가 한때 살았던 지역이라 더 눈에 띄었다. 더구나 고인이 된 여교사가 목을 매 자살한 까닭을 알아보니 교감 승진을 앞둔 상태에서 교장과 근무평정 문제로 담판을 짓다 벌어진 것이라니 한숨이 절로 나왔다. 순간, 나는 승진을 두고 벌어지는 이 같은 교원들 사이의 암투를 과연 학부모들과 시민들은 얼마나 알고 있을까 하는 생각이 들었다. 해묵은 승진 경쟁이 교육개혁의 큰 걸림돌인 걸 알고 있는 사람들이 얼마나 될까. 이런 부끄러운 교사 문화를 과연 이해할 수 있을까. 그저 답답했다.

딴에는 이 같은 사건이 언젠가 한 번은 벌어질 일이었다는 생각도 해 봤다. 물론, 사건이 벌어진 장소가 교실이었다는 것만은 빼고 말이다. 그동안 나는 근무평정을 두고 미묘한 감정싸움을 벌이는 교사들을 숱하게 봐 왔다. 승진을 통해 한 학교의 교장으로 대우받으며 승자처럼 살 것인가, 아님 승진도 못 하고 나이 들어 애들이나 가르쳐야 하는 초라한 패자로 남을 것인가라는 기로에서 그들의 선택은 늘 전자였다. 승진에 얽힌 일화들을 그들은 한 편의 무용담처럼 그려 내곤 했지만, 듣는 나는 늘 그 자리가 불편하기만 했다. 그 무용담 속에는 생존과 경쟁에 얽힌 쓰디 쓴 비화들만 가득했기 때문이다.

내겐 너무 먼 '옵션'

교직을 즐길 것만 같았던 한 선배가 조금씩 승진으로 길을 바꿔 가던 어느 날. 오랜만에 만난 그는 내게 대뜸 승진은 그냥 자기 삶의 옵션일 뿐이라며 지나친 해석은 하지 말아 주었으면 했다. 학급운영을 함께 공부하기도 하고 내게 이런저런 조언을 아끼지 않았던 정 많고 따뜻한 선배의 변화가 조금은 낯설었지만, 굳이 비난할 생각은 없었다. 좋은 교장 찾기가 하늘의 별 따기인데, 그 것도 내가 아는 착한 사람이 훌륭한 교장이 돼 보겠다는데 딴죽을 걸 생각은 전혀 없었다. 열심히 준비하시라 했다. 꼭 교장이 되시라 했다. 그러나 나는 그때나 지금이나 교장이 될 생각은 도무지 없다. 더욱이 승진을 교사라는 직업의 '옵션'이라 여겨 본 적도 없다. 그렇다고 무슨 대단한 철학이나 원대한 꿈을 가진 것도 아니다. 권위와 권력만 앞세우며 아이들과 멀리 떨어져 있는 교장이라는 지위가 그냥 싫을 뿐이다.

돌이켜 보면, 초임부터 어느 자리에서건 선배 교사들이 수도 없이 전해 준 가르침은 오로지 승진하는 법이었다. 그들은 내게 승진을 미루거나 포기하지 말라 했다. 지금은 다르게 생각할지 몰라도 나중에는 분명히 후회할 거라며 그들은 애정 어린 충고를 아끼지 않았다. 그래서 한번은 나도 어떻게 하면 정말 승진을 할 수 있는지, 그 선배가 말한 간단한 옵션 정도의 것인지 살펴보기도 했다.

승진하려 할 때 교사들이 가장 신경 써야 할 건 현장 논문과 각종 예체능 대회 참가로 얻어 내는 연구 점수다. 점수가 되는 학교(연구 시범학교, 농어촌학교, 벽지학교)는 줄을 대서라도 찾아가 부가점을 챙겨 둬야 한다. 실제로 벽지 점수를 얻기 위해 어떤 교사들은 몇 년을 가족과 떨어져 살기도 한다. 1급 정교사 자격 연수 때는 높은 점수를 받아야 하고, 부장 경력도 일정한 기간을 채워야 한다. 특히 교감이 되기 10년 전부터는 연수 점수를 잘 관리해 두어야 한다. 이제 막판이다 싶을 때는 최고점의 근무평정을 얻기 위해 교장의 충복이

돼야 한다. 자세히 들여다보면 이 밖에도 할 일은 많았다. 내게는 이런 과정이 마냥 험난해 보이기만 했다. 이런 과정을 거쳐야만 교장이 될 수 있다는 것도 수긍할 수 없었지만, 나 같은 평범한 교사가 할 일은 더더욱 아니라는 생각도 들었다. 선배의 '옵션'이라는 가벼운 표현은 내게는 그저 버겁기만 했다. '옵션' 정도로 받아들이기에는 교원승진제도가 가지고 있는 폐단이 너무도 커 보였다.

롤모델이 없는 학교

교감 선생님이 불러서 교장실에 내려갔죠. 소파에 앉으라 하더니 두꺼운 책 한 권을 펼치면서 대뜸 이런 말씀을 하시지 않겠어요. "지금도 늦지 않았어. 최근 승진 규정이 바뀌었는데 한번 해 볼 만해." 아시다시피 제가 일반 직장 다니다 적성에 맞지 않아 교대 들어와 나이 삼십이 넘어 교사가 됐는데, 저는 정말 아이들 가르치는 게 좋거든요. 스스로 부족한 게 많다고 생각해서 대학원을 다니고 있는데, 동학년 선생님들은 대학원 공부 하는 것을 승진 준비로 보기만 해서 답답하고 교감 선생님은 잊을 만하면 교무실로 불러 갓 발령받은 저한테 승진 준비할 방법만 가르쳐 주시니 미치겠더라구요. 얼마 전에는 교감 선생님이 어떤 모임에 나오라고 해서 갔어요. 제가 거의 막내뻘이라서 선생님들 배구하는 데 따라가서 수발을 들었는데, 이건 아니다 싶더라고요. 교직에 들어서기 전에는 몰랐는데, 우리나라 교육이 왜 문제가 많은지 이제 조금은 알 것 같았어요.

— 30대 중반 남교사, 경상 지역

젊은 교사들과 초임 시절 이야기를 나누다 보면 처음 학교에 와서 황당한 경험을 많이 했다는 말을 자주 듣는다. 아이들과 함께 만드는 행복한 교실을 꿈꿨던 그들은 수업과 관련 없는 지시와 명령 위주의 관료 체계를 받아들이기 매우 힘들었다고들 한다. 그들에게 필요한 건 학급운영과 수업에 대해 이야기해 줄 든든한 롤모델이다. 하지만, 실상 학교에서 그들이 기댈 만한 선배를 찾기는 쉽지 않다. 대개 동료 교사들은 교육 활동과 관계없는 업무에 매달리거나 아이들 이야기보다는 학교 밖 이야기로 시간을 보낸다. 그 빈틈을 타고 들어가는 건 대부분 관리자나 승진에 매진하는 교사들이다. 한번은 후배 교사가 다른 지역으로 발령이 난 대학 동기들과 만났는데, 처음부터 끝까지 연구 점수 얘기였다고 한다. 그 다음은 '라인'이었는데, 같은 대학 출신이 아닌 다른 대학 출신인 자신들은 그 '라인'에 들어가기 힘들다며 한탄을 하더라는 것이다. 발령이 난 지 불과 일년이 채 안 된 친구들이 자기와 다른 사고로 교직생활을 하고 있다는 것에 내심 크게 놀랐다고 했다.

이곳도 별반 다르지 않아요. 선배들이 후배들에게 학급운영이나 교과지도 같은 거 함께 공부하자는 말은 안 하고 늘 술자리에서 승진 이야기나 해요. 한번은 이런 일도 있었어요. 여기도 저쪽에 벽지학교가 하나 있어요. 하나밖에 없는 벽지니 얼마나 경쟁이 심하겠어요. 그런데 늘 같이 술자리 하며 선배들에게 승진 얘기나 벽지학교 갈 방법을 배웠던 후배들이 완전 뒤통수를 친 거예요. 글쎄, 자기들을 가르쳤던 선배들보다 먼

저 벽지학교에 들어갔지 뭐예요. 나중에 선배들이 후배 놈들이 싸가지
도 없다느니 의리도 없다느니 막 화를 내더라구요. 그래서 내가 한마디
했죠. 개들이 뭘 잘못했냐고요. 선배라는 게 아이들을 위한 교사로 살아
가는 얘기는 하지 않고 허구한 날 후배들 데리고 술이나 먹고 승진하는
법만 가르쳐 주지 않았냐고. 배운 대로 한 걸 가지고 누굴 탓하겠냐고.

— 30대 후반 남교사, 전라 지역

지금까지 내가 경험한 공립학교에서 아이들이나 수업 문제로 선배
가 후배를 돕고 협력하는 문화는 만나기 힘들었다. 반면 승진의 길
로 들어서는 후배에게 선배가 다가가 이런저런 조언을 해 주는 문화
는 지나칠 만큼 많았다. 이러한 '미덕'은 학교 밖 모임을 만들고 이른
바 '라인'을 만들어 낸다. 지역마다 곳곳에 만들어져 있는 '라인'을 타
는 모임들은 승진의 패턴을 만들고 교직 문화까지 쥐고 흔든다. 남자
들이 중심이 된 이 모임에서 나타나는 주요 특징 가운데 하나는 일명
'형님' 문화다. 주로 같은 대학 출신으로 탄탄한 선후배의 끈을 잇는
이런 모임에서 호칭은 대개 '형님'이다. 형이 없는 나로서는 이런 호
칭이 낯설기도 했지만, 때로는 공적인 자리나 학교에서까지 '형님'이
라는 호칭이 이어질 때면 아이들 보기가 민망했다.

이러한 교직 문화는 자연스럽게 수직적이고도 비민주적인 학교
체계를 만들어 간다. 이를 완전하게 만들어 가는 인물이 있는데,
그가 바로 교감이다. 흔히 교감들은 교장을 '모신다'는 표현을 자
주 쓴다. 내가 제일 듣기 싫어하는 말이기도 한데, 그들은 자랑스

럽게도 교사들 앞에서 이런 말을 곧잘 하곤 했다. "교감이 학교에서 제일 중요하게 할 일은 교장 선생님을 잘 모시는 거야." 어떻게 이런 말이 자연스럽게 나올 수 있느냐 하겠지만, 실상 승진 시스템을 잘 들여다보면 충분히 가능한 이야기다. 교감이 교장으로 승진하기 위해서는 근무평정을 잘 받아야 하는데, 교감의 평가는 해당 교육기관과 교장이 각각 나눠서 하도록 돼 있다. 이렇다 보니 교감에게 교장은 절대적일 수밖에 없다. 그야말로 모실 수밖에 없는 일이다. 이뿐만이 아니다. 교감이 교장을 받들어 모시는 모습은 자연스럽게 교사들이 관리자들을 어떻게 대해야 하는지를 온몸으로 보여 주는 것과 같다. 이를 통해 학교는 상명하복의 위계질서가 탄탄한 비민주적인 문화를 재생산하게 된다.

승진의 도구가 된 학교와 아이들

작은 학교는 꼭 살려야 해요. 우리 학교(벽지)만 봐도 그래. ○○에 하나밖에 없는 우리 학교가 없어져 봐. 벽지 점수 따려고 우수한 교사들 다 밖으로 나갈 거 아냐? 그리고 작은 학교가 끝까지 버티고 있어야 교감 돼도 갈 데가 있지. 교감 아무리 많이 만들면 뭐하나? 갈 데 없으면 어쩌나? 교육장 볼 낯이 없잖아. 그러니까 무슨 수를 써서라도 작은 학교는 살려야 하는 거야.* 그런데도 이런 뜻을 몰라주고 오해를 하는 사람들이

---

*여기서 말하는 '무슨 수'는 위장 전입을 통한 학생 수 불리기를 말한다. 이러한 위험부담을 감수하지 않고는 학교를 살리거나 혁신할 수 없다고 생각한다.

있어. 내가 나만 잘되려고 했으면 큰 학교에 가지 여기에 있겠어?

— 50대 후반 교장, 충청 지역

이 발언을 한 교장의 학교는 얼마 전까지만 해도 지역 언론에 보도되며 유명세를 탔다고 한다. 이 교장에게 조언을 듣고자 인근 작은 학교가 마련한 자리에서 그는 이런 이야기를 자랑스럽다는 듯이 강조했고 그 말을 전해들은 나는 차마 입을 다물 수가 없었다. 정말 그런 말을 했는지 의심스러워 말을 전해 주던 교사에게 몇 번이고 되물었다. 40년 동안 교육에 헌신(?)한 사람의 입에서 나온다는 말이 고작 이 수준이라는 생각에 그저 어이가 없었다. 뒤에 들은 말로는 이 교장도 자기가 떠나면 이곳도 오래가지 못할 것이라며 후배 교사들의 분투를 거듭 바랐다고 한다. 결국 이들에게 학교는 개인적인 성취욕을 채워 주는 직장, 그 이상도 이하도 아닌 셈이다. 이는 교육적인 목적으로 살려야 할 작은 학교조차 승진에 목숨을 거는 이들을 위해 이용당할 수밖에 없는 우리 교육의 현실을 적나라하게 보여 주는 매우 서글픈 사례다.

저 장학사, 나랑 같이 근무했는데 어떻게 장학사 된 줄 알아? 학급은 거의 내버려 둔 채로 아이들 자습시켜 놓고 장학사 시험을 공부하는 일은 다반사였어. 퇴근하면 학원으로 달려가 밤새도록 시험공부하고 오니 제대로 수업이 될 리가 있겠어. 아이들에게는 도통 관심이 없는 사람이 그렇게 아이들 내팽개치고 시험 준비하더니 결국 장학사 되더

1부 학교, 첫 개의 섬

라고. 참 문제야. 저런 사람들이 수업 장학 하겠다고 학교에 오고 우리
가 고분고분 조언을 들어야 하니 우리도 참 한심하지 않아?

— 40대 초반 남교사. 경상 지역

　요즘은 조금 덜하다고 하나 예전에는 아이들 자습시키고 연구
논문을 쓰거나 시험공부하는 일은 예사였다고 한다. 당시에는 다
들 그랬다며 조심스럽게 지난 과거를 털어놓는 동료 교사들도 어
렵지 않게 만날 수 있다. 함께 근무했던 어떤 교감 선생님에 대한
여교사들의 비아냥거림은 듣기조차 민망했다. 특수학급까지 맡아
가며 학교에서 박사 논문도 쓰고 장학사 시험 준비도 했던 사람이
우리 학교 교감으로 와서 교육에 대한 소신을 밝히는 모습에 그들
은 진저리를 쳤다. 승진을 준비하는 사람들에게 이미 학교와 아이
들은 일종의 도구가 된 지 오래다. 승진을 준비하는 이들의 학교
선택 기준도 오로지 점수다. 각종 연구시범학교에 부여되는 점수,
근무평정, 농어촌학교, 벽지학교 점수 때문에 철새처럼 떠도는 그
들은 지역사회 주민과 아이들에게는 무의미한 존재들이다.

승자와 패자들의 불편한 동거

　남교사의 경우, 일찌감치 승진에 눈을 돌리지 않았더라도 그 수가 워낙
적다 보니 뒤늦게라도 싹수가 보이면 교장, 교감의 전폭적인 지지 아래
승진의 반열에 올라설 수 있어요. 하지만 여교사의 경우에는 고만고만

해서 승진 경쟁이 가늘고 길게 오래가는 편이죠. 모든 스펙을 다 갖추었어도 줄에서 밀리는 경우, 남은 경력과 나이를 계산해 보고는 하루아침에 모든 것을 접어 버리는 경우도 종종 볼 수 있어요. 물론 모두가 그런 건 아니겠지만, 오로지 승진 하나만 보고 달려오다가 아이들 얼굴만 쳐다보자니 분통이 터지는 모양이에요. 입에 붙은 말이 "아이구~ 내가 얘 땜에 학교를 그만두든지 해야지. 아이구 못 살아~" 같은 소리를 꼭 남이 들을 때에 끊임없이 외쳐 대는 교사도 있어요. 마치 자기는 아이들이나 가르칠 그런 사람이 아니라는 듯한 뉘앙스를 풍기면서 말이죠. 그때 동료 교사들은 그 교사의 성씨를 앞에 붙여 '김그만', '박그만'이라고 부르곤 했어요. 하지만 재미있는 건 오늘내일로 그만둔다던 그 김그만, 박그만은 오늘도 여전히 학교를 다니고 있다는 거죠.

— 40대 중반 여교사, 경상 지역

교단에 첫발을 내디뎠을 때, 내가 본 교사들의 모습은 정말 이상하기만 했다. 학교 업무 때문에 교무실과 교실을 오가며 바쁘게 시간을 보내는 교사들은 매우 당당해 보였던 반면 교실 속에서 머무는 교사들은 나름 열심이지만 뭔가 학교 일에서 밀려나 있다는 느낌이 들었다. 시간이 지나면서 이런 의문은 자연스럽게 해소가 됐다. 답은 하나였다. 교사로서 삶의 목표가 승진이냐 아니냐의 차이였다. 그러나 승진을 향해 달릴 때의 당당함은 그 목표를 상실하면 급격하게 꺾여 버렸다.

벽지 점수 채우러 섬까지 갔다 왔는데, 소수점 몇 점 차이로 밀려났어. 10년간 승진 하나만 생각하고 집 떠나 살았는데……. 될 줄 알았는데 이렇게 되니 참……. 주위에서는 그래도 끝까지 해 보라 하는데, 지치기도 하고 그냥 포기했어. 지나고 나니 미련한 짓이었다는 생각도 들어. 이제 은퇴할 준비나 해야지, 뭐. 한편으로는 마음이 홀가분하기도 한데, 나이 든 교사를 젊은 학부모들이 좋아나 하겠어. 이래저래 마음만 불편하네.

— 50대 초반 남교사, 경상 지역

  내가 처음 발령을 받아 간 곳은 바닷가를 낀 작은 도시에 위치한 36학급 규모의 꽤 큰 학교였다. 그때는 학교 내 수업 공백을 채우는 증치 교사라는 제도가 있었다. 교사로 첫발을 내디딘 내 첫 임무가 바로 이 증치 교사였다. 내가 한 일은 퇴임을 앞둔 원로 교사의 수업을 나눠 도와드리는 일이었다. 후줄근한 남색 양복을 입고 4학년 교실 뒤편 창가에 놓인 책상 앞에 앉아 힘없이 담배를 피워 대던 퇴임을 앞둔 한 선생님의 모습을 나는 지금도 잊지 않고 있다. 한번은 그가 이런 말을 내게 건넨 적이 있었다. "자네, 후회하지 말고 일찍부터 승진 준비를 하게. 내 꼴 나지 말고. 나도 젊었을 적에 딴짓하지 말고 승진이나 했어야 했는데……." 그 시절 한창 젊고 의욕적이었던 내게 퇴임을 바로 앞둔, 노老교사의 충고가 귀에 들어올 리 없었다.

  그 뒤, 이 노교사가 문득 그려질 땐 전장에서 쓸쓸히 퇴장을 하는 노병이나 패잔병을 함께 떠올리곤 했다. 승진의 길목에서 밀려나거나 관심을 접은 이들이 내게는 마치 패자처럼 보였기 때문이었다. 그 패자들은 한편으로는 매우 자유로워 보였지만, 승진을 준비하며 힘차게 살아가는 승자들과 불편한 공존을 해야 했다. 때로는 승자들과 함께 자리하는 것마저 불편해하며 그들만의 자리를 마련하려 애쓰기도 했다. 그러나 문제의 근원은 교사가 승자와 패자로 나뉘어 아이들 교육을 위해 협력하는 공동체의 구성원으로 살지 못하도록 만든 모순된 제도에 있다는 생각이 들었다.

한때 같이 근무했던 햇병아리 교감은 내게 이런 말을 했다. 교감이 되기 위해 최고 근무평정을 받아야 했던 몇 해 동안 자신은 교장의 '개'였다고. 그는 교장이 시키는 일이라면 공적이든 사적이든 물불을 가리지 않았다고 했다.

승진하기 위해 지역마다 만들어져 있는 이른바 '라인'에 들어가야 하고, 승진하기 위해 관리자와 장학사에게 무조건적인 복종을 해야 하고, 승진하기 위해 관리자들의 반교육적인 행위에 눈을 감아 주어야 하고, 승진하기 위해 아이들을 가르치는 일을 쓸데없는 일로 여기며 오히려 아이들을 승진 도구로 삼는 일이 오늘도 학교에서 보란 듯이 벌어지고 있다. 하지만, 이 같은 현실에 우리 사회는 그다지 관심이 없는 것 같다. 아니 신경 쓸 여유가 없는지도 모르겠다.

여교사의 자살 사건이 일어난 이틀 뒤, 난장판 '예산국회' 소식이

온 매체를 휘감으면서 그의 서글픈 죽음은 우리들 기억에서 잊혀 갔다. 이 사건을 계기로 촉발되었던 교원승진제도의 문제점에 대한 논쟁도 함께 사그라졌다. 하지만 나는 이 사건을 단순한 해프닝으로 보고 싶지 않다. 점수 위주의 모순된 승진제도로 승자와 패자로 나뉘어야만 하는 왜곡된 교사 문화와 교장을 정점에 둔 비민주적인 학교 문화에서는 일어날 수밖에 없었던 한 편의 비극이었기 때문이다. 더불어 이 비극의 주연을 교사로 한정시키고 싶지도 않다. 현실에서 교사의 역할이 지나치게 부각되다 보니 숨은 주연을 우리는 너무도 쉽게 잊고 사는 것 같다. 이 비극의 숨은 주연은 우리 아이들이다. 우리 아이들이 잘못된 교육정책과 제도로 상처를 받는 최대 피해자라는 사실에 좀 더 많은 사람들이 주목해 주었으면 좋겠다. 그래야 이런 허무한 죽음을 막고 도무지 해법을 찾지 못하는 교육개혁의 실마리도 조금이나마 풀어낼 수 있지 않을까.

| 2011년 1·2월,《오늘의 교육》창간준비호 |

박진환 충남 천안 차암초 교사

교직에 들어선 지 24년 만에 처음으로 외계인이라는 1학년을 맡아 정신없는 나날을 보내고 있습니다. 새롭게 선생이라는 직업에 대해 많은 걸 깨닫게 해 주는 아이들과 사는 일이 이제는 마냥 즐겁습니다. 교육이 아닌 것이 여전히 활개 치는 공교육에서 그래도 삶에 대해 고민하며 희망의 끈을 놓지 않으려 애쓰며 삽니다. 언제까지일지는 모르나 늘 아이들 곁에서 사는 교사로 살고자 합니다.

올챙이 교사의
학교 표류기

학교, 그 쓸쓸함에 대하여

이형환 전 초등 기간제 교사

우리 학교에 새로 오신 영어 선생님이 있다.

그 선생님은

온 지 별로 안 됐고

학교생활이 처음이라 하시고

연설할 때 올챙이 이야기를 해서

우리는 영어 선생님을 올챙이 선생님이라고 불렀다.

그런데 몇 주일 안 돼서 학교에서 나갔다고 한다.

그 이유는 잘 모르겠다.

"출장을 안 가서 쫓겨났다"고 하는 친구가 있는 반면

"공부를 안 가르쳐서 그렇다"고 하는 친구가 있다.

영어 선생님은 다음 날 학교 후문에서 노래를 부르고 이렇게 말을 했다.

"난 선생님 자격이 없다. 권리가 없다. ○○ 어린이에게 미안하다"고

하셨다.

우리 반 선생님께서는 "만나도 절대로 이야기를 하지 말라"고 하셨다.

그래서 원래 난 학원이 끝나고 203동 공원으로 가는데

거기서 영어 선생님이 인라인을 타셔서 만날까 두려워 다른 쪽으로

간다.

한편으로 영어 선생님이 불쌍하다는 생각이 든다.

— 2004년 어느 가을날 제자 중 한 아이가 쓴 글

나름대로 파란만장한 삶을 살며 무수히 많은 지역을 떠돌다가, 뿌리를 내리고 '가늘고 길게' 살고 싶어서 선택한 것이 교대였다. 그러나 합격의 기쁨도 잠시, 워낙 자유분방한 삶을 선호하는 탓인지는 몰라도 고등학교처럼 시간표도 거의 정해져 나오는 대학 생활은 답답하기만 했다. '과연 이런 숙제가 필요할까?' 하는 생각이 들 정도로 많은 분량의 숙제, 인간의 이기심이 여실히 드러나게 만드는 끊임없는 조 모임, 어린 친구들 눈치를 봐야 하는 생활 등으로 인해 나는 어느새 학교 부적응 대학생이 돼 있었다. 그래서 내가 선택한 도피처가 책이었다. 분야를 가리지 않고 잘 이

해가 안 되더라도 무작정 닥치는 대로 책을 읽어 나갔다. 그렇다고 삶이 갑자기 즐거워지거나 하는 마술은 일어나지 않았지만 책을 읽을 때가 가장 마음이 편했다. 그렇게 늦깎이 대학생으로 불성실하게 학교를 다니다 졸업을 앞둔 6월 전라남도에서 갑자기 치러진 특별 임용 시험에 응시해 합격했고 9월 1일 자로 저기 남도 땅에서 교사가 되었다. 지금으로부터 8년 전, 딱 이맘때 일이다.

내가 첫 둥지를 틀게 된 곳은 순천이었다. 살면서 이때가 아마 가장 희망이 충만했던 때가 아니었나 싶다. 이 세상에 내 자리는 존재하지 않을지도 모른다는 불안감에 흔들릴 때가 많았는데 오랜 방황 끝에 이제 평생 사용해도 끄떡없을 것 같은 튼튼한 의자가 생긴 것이다.

순천은 전라남도에서도 소문난 교육의 도시였다. 주변 풍광도 수려하고 사람들 인심이 넉넉해서 故 노무현 대통령이 퇴임 후 거처로 봉하마을과 순천을 두고 고민했다는 말도 있다. 그 정도로 살기 좋은 도시였다.

그렇게 희망찬 발걸음으로 9월의 첫날 출근을 하는데 마치 구름 위를 걷는 기분이었다. 얼마나 좋던지 출근 시간보다 1시간이나 일찍 학교에 가 교문 앞에서 등교하는 아이들을 향해 인사를 했다. 홍보 전단지를 나눠 주러 온 학원 직원으로 여겼는지 아이들은 나에게 별 관심을 갖지 않았지만 난 그러거나 말거나 기분이 너무 좋았다. 아침 조회 시간에는 조회대에 올라 전교생과 교직원을 상대로 인사하는 시간을 가졌는데, 이렇게 말한 걸로 기억한다.

"어린이 여러분, 만나서 반갑습니다. 저는 오늘 교사로서 첫발을 내디딘 사람입니다. 아직은 뒷다리도 나오지 않은 꼬리만 있는 올챙이지만 여러분이 도와주시면 머지않아 개구리 교사가 될 것 같습니다. 도와주실 거지요?"

지금 생각해 보면 참 우스운 첫인사였지만 떨리는 마음을 부여잡고 진지하게 이어 나간 말들이었다. 그때부터 내 별명은 '올챙이 샘'이 되었다. 등하굣길에 학교 근처에서 나를 본 아이들이 "저기 올챙이 샘이다" 하고 수군거리는데, 왠지 모르게 기분이 좋았다. 이제 진짜로 교사가 된 것이다.

난 3학년부터 6학년까지 가르치는 영어 교과 전담 교사였고 업무는 학적이었다. 당시 우리 학교는 신설된 지 2년 남짓 된 학교라 24학급에서 48학급으로 빠르게 규모가 커지고 있는 중이었다. 학교가 순천에서 여수로 가는 길목에 새로 조성된 신도심에 위치해 있어 전입, 전출도 아주 많았다. 게다가 당시는 네이스가 시행된 초창기로, 개인 정보 보호 문제로 교원 단체와 협약이 원만하게 이루어지지 않아서 네이스와 시에스를 동시에 운용하는 혼란스러운 때이기도 했다. 상황이 이렇다 보니 학적 업무는 결코 만만치 않은 일이었다. 며칠 지나지 않아 내 책상 위에는 학적 서류가 한 뭉치 쌓였다. 나보다 한 학기 먼저 현장에 나간 동기들에게 이런 상황을 이야기하니 무슨 도시 학교에서 신규한테 학적 업무를 주냐고 이해가 안 된다는 반응을 보였다.

하지만 그때까지만 해도 난 교사가 됐다는 것만으로 마냥 들떠 있는 상태였기 때문에 학교생활이 즐거웠다. 당시 인터넷상에서 쓰는 아이디도 English Teacher의 이니셜을 딴 '행복한 E.T'였다. 나는 그렇게 행복에 젖어 학교가 끝나면 교육과정 해설서와 교사용 지도서를 들고 인근 도서관에 가서 수업 준비를 하고, 순천대학교에 개설된 원어민 영어 회화 강좌도 들으러 다녔다.

학교를 탈출하다

그러나 이 행복한 시간이 예고 없이 자취를 감춰 버리는 일이 일어났다. 출근한 지 열흘 정도 지난 어느 금요일 오후, 교감 선생님이 나를 '협의실'이라고 이름 붙여진 교무실로 불렀다.

"이 선생, 이제부터 모든 수업은 지도안을 짜서 교무부장, 교감, 교장 결재를 받고 가르치도록 하세요."

어이가 없었다. 아니 교생도 아니고 모든 수업을 지도안을 짜서 결재를 맡으라는 것은 날 교사로 인정하지 않겠다는 것과 다름없는 말로 들렸다. 내가 이해가 잘 되지 않는다고 조심스럽게 말을 꺼내자 교감 선생님이 이야기했다.

"이 선생이 신규라서 잘 모르는 모양인데 처음에는 원래 그렇게 하는 거고 다 여기 나와 있는 거야."

그러면서 그는 교학사에서 나온 두 권짜리 《교육법전》을 가리켰다. 지금 생각해 보면 거기서 그냥 나왔어야 하는데 호기심을 참지 못한 난 정말 그런 것이 《교육법전》에 나와 있냐고 되물었다. 그러자 교감 선생님은 친절하게도 내게 《교육법전》 두 권을 건네주며 어학실로 가져가 직접 찾아보라고 했다. 양손에 법전을 받아든 난 건물 5층에 있는 물탱크실 위에 올라가 앉아 줄담배를 피우며 법전을 넘기기 시작하였다. 그러나 아무리 살펴봐도 그런 삶은 호박에 이도 안 들어갈 조항은 찾을 수 없었다. 정말 그런 조항이 있다면 자신이 나에게 보여 주면 되는 걸 왜 이런 개고생을 시키는가 싶었다. 그날 퇴근하고 나서도 이 문제를 어떻게 해결해야할지 도무지 답이 떠오르지 않아 한 학기 먼저 발령받은 교대 동기들한테 전화를 걸어 의견을 구했다. 하나같이 교감 선생님의 행동을 이해할 수 없다는 반응이었다. '이게 말로만 듣던 신규 교사 길들이기란 말인가?' 하는 생각이 머릿속을 떠나지 않아 뜬눈으로 밤을 지새웠다.

다음 날, 4교시까지 수업을 마치고 《교육법전》을 들고 떨어지지 않는 발을 억지로 떼 가면서 '협의실'이라 적혀 있는 '지휘 통제실'을 찾아갔다. 어제 밤새도록 고민한 끝에 내린 결론은 교감 선생님의 지시를 거부하되, 거부 의사를 강하게 표현하지 않고 완곡하게 양해를 구하자는 것이었다. 처음에는 같이 소파에 앉아 차를 한잔 마시며 부드럽게 대화를 시작하였다.

"교감 선생님, 교육법전을 아무리 뒤져 봐도 모든 수업을 하기 전에 교무부장, 교감, 교장에게 사전에 결재를 받고 가르치라는 내용은 없었습니다. 다만 혹시 초·중등교육법 20조 2항 '교직원의 임무' 중 교감의 권한과 관련된 사항*을 염두에 두고 하신 말씀이 아닌가 생각되네요."

그랬더니 그는 "어, 찾았네" 하며 큰 소리로 웃었다. 정말이지 속에서 뜨거운 불덩어리 하나가 서서히 머리 쪽을 향해 100m 달리기를 하면서 올라왔다. 결국 논쟁이 오고 갔고 말문이 막힌 교감 선생님은 나를 노려보며 갑자기 "똑바로 서"라고 소리를 질렀다. 나도 이제 인내심에 한계를 느껴 거의 폭발할 지경이었다.

"왜 제게 소리를 지르십니까? 이 문제가 제가 똑바로 안 서 있어서 생긴 문제입니까? 이렇게 감정적으로 나오시면 전 더 이상 대화하고 싶지 않으니 돌아가겠습니다."

상황은 이제 서로 간에 합리적이고 이성적 대화를 기대하는 것이 무리인 파국으로 치닫고 있었다.

"이 선생 참 싸가지 없네. 당신 같은 사람이 어떻게 교사가 되었는지 이해가 안 가. 시키면 시키는 대로 할 것이지 왜 이렇게 말이 많아. 신규가 뭘 안다고?"

교무실에 청소하러 온 학생들까지 있는 상황에서 심한 모멸감을 느낀 난 자리를 박차고 나왔다. 그랬더니 교감 선생님은 나에게 싸가지가 없다는 둥, 어디서 배워 먹은 버르장머리냐는 둥, 거기 안 서느냐는 둥 쉴 새 없이 소리를 치며 어학실로 이어진 복도

---

*제20조(교직원의 임무) ② 교감은 교장을 보좌하여 교무를 관리하고 학생을 교육하며, 교장이 부득이한 사유로 직무를 수행할 수 없을 때에는 교장의 직무를 대행한다. 다만, 교감이 없는 학교에서는 교장이 미리 지명한 교사(수석 교사를 포함한다)가 교장의 직무를 대행한다.

를 따라왔다. 복도에서 청소를 하고 있던 아이들은 매우 놀라 허둥댔다. 이렇게 나의 교사생활은 무수히 많은 잡음과 상처를 남긴 채 끝나 가고 있었다.

한 번 사표를 제출했다 반려됐고, 대략 일주일 동안 교장 선생님과 일대일 면담을 한 끝에 타협을 하여 앞으로 잘해 보자고 악수까지 한 어느 월요일이었다. 교직원 회의 시간에 들어온 교장 선생님은 나를 두고 인간적인 모멸감을 주는 언사를 약 40분간 늘어놓았다. "이 선생 같은 사람이 어떻게 교사가 되었는지 이해가 되지 않는다. 분위기 좋은 학교가 이 선생이 들어와서 이상하게 변했다." 잘은 모르겠지만 일주일간 한 면담은 아마도 나의 내심을 떠보려 한 것 같았다. 그의 행동은 '이런 모멸감을 참고서라도 학교에 있으려면 조용히 찌그러져 있고, 아니면 나가 줬으면 좋겠다'는 묵시적 의사 표시가 아니었을까?

숨통이 서서히 조여 온다는 표현은 이럴 때 쓰라고 있는 것 같았다. 하루 밥값보다 담뱃값이 많이 든 나날들, 잠을 잔다는 것이 거의 불가능한 상황에서 정신은 갈수록 피폐해졌다. 결국 편의점으로 하얀 봉투를 사러 갔다. 61kg 나가던 몸무게도 불과 2주 만에 53kg까지 줄어든 심각한 상황이었다. 그러나 내가 할 수 있는 일이라곤 이 시궁창 같은 곳에서 하루라도 빨리 탈출하는 것뿐. 결국 교장, 전교조 전남지부 쪽 사람, 인사 담당 장학사, 학부모 대표들, 심지어 교육장까지 독대한 끝에 더 이상 희망이 없다고 판단해 사표를 냈다. 입직한 지 불과 3주 만에 자발적 실업자가 된 것이다.

다시 사표를 내기 전 만난 이들로부터 난 어떠한 희망적인 이야기도 들을 수 없었고 오히려 공고한 침묵의 카르텔만 확인했다. 동료 교사들은 전화도 받지 않았고, 학부모 대표들과도 두 번 정도 만났는데 처음엔 사실 관계를 전혀 잘못 알고 내게 적의를 드러냈다. 그러나 내 설명을 들은 뒤에도 변한 건 없었다. 학교운영위원장을 맡고 있는 학부모가 말했다. "아이들이 선생님을 좋아해서 호감이 있었는데 이런 일이 있어서 유감이에요. 선생님 설명을 듣고 나니 일견 이해가 가는 부분이 없진 않지만 그래도 제가 학교운영위원장으로 있는 한 학교가 조용했으면 좋겠어요. 그렇게 학교의 부조리함이나 폐단을 바꾸시려면 다른 학교로 가서 해 주세요."

전교조 전남지부 쪽 사람은 사표 절차를 몰라 문의하려고 전교조 지부 홈페이지에 글을 올렸다가 만나게 되었다. 그는 교감이 내게 지시한 수업 지도안 사전 결재나 이후 벌어진 다른 일들 모두 전남교육청과 맺은 단체협약 위반 사항이고 어떠한 정당성도 없는 일이니 사표를 내지 말고 같이 문제를 해결해 보자고 했다. "그 학교에 크고 작은 문제가 많아 우리 조합 쪽에서도 강성 노조원을 보낼 생각을 하던 차였는데 이런 일이 생겼다. 우리가 조합 차원에서 이 선생 문제를 해결해 줄 테니 이 선생도 그 안에서 우리가 지금까지 풀지 못한 여러 문제를 해결해 줬으면 좋겠다." 그 말을 듣고 일단 생각해 보겠다고 했지만 난 그 당시 전교조 가입도 하지 않은 상태였고, 그 말이 마치 거래를 제안하는 것처럼 여겨져서 별 신뢰감이 가지 않았다. 무엇보다도 내가 근무하던 학교에도 전교조 교사들이 있었는데 정작 그들은 내가 관리자와 갈등을 겪는 동안 그저 사태를 방관했다.

　교육청 인사 담당 장학사와 면담을 한 뒤 말이 잘 통해서 그분 집에까지 가 밤늦게까지 이야기를 나누기도 했다. "처음에 이 선생 이야길 들었을 때는 솔직히 '별 이상한 놈이 다 있네'라고 생각했지만 막상 만나서 말을 들어 보니 억지 주장을 하는 것 같지도 않고 말도 잘 통하니 앞으로 형, 동생 하기로 하지. 교육장님께서는 이 선생이 원하는 대로 해 주라고 했는데 이 형 말 듣고 6개월만 그 학교에서 참고 근무하면 다음에 좋은 학교로 보내 주겠네." 옆에서 듣던 사모님도 "사실 이이가 저희 집에 평교사를 데리고 온 건 이 선생님이 처음이에요"라며 남편이 진심으로 날 위해서 그러는 거니 믿고 따라 달라 말했다. 첫 번째 사표가 반려된 게 그래서였는데, 교장이 교직원 회의 시간에 나에게 준 모욕감은 정말 참을 수가 없었다. 그래서 회의가 끝나고 내가 다시 사표를 제출하고 싶다고 말했을 때 교장은 "이 선생 맘대로 해"라고 했고, 다음 날 미련 없이 사표를 제출했다. 나는 관리자보다도 무슨 불구경하는 것처럼 침묵하던 동료 교사들이 더 미웠다.

　결국 교육장이 나를 따로 불렀다. "이 선생님, 상황은 장학사를 통해 보고받아서 잘 압니다. 제 딸도 현직 교사인데 발령받은 초기에 거의 매일 울면서 학교에 가기 싫다고 했지만 지금은 적응해서 잘 다니고 있습니다. 내일부로 다른 학교로 발령을 내 드릴 테니 새로 시작하는 심정으로 하시지요. 이왕 시집온 이상 살아 볼 때까지는 살아 봐야 하지 않겠습니까?" 그러나 그땐 이미 내게 다시 시작해 볼 힘이 남아 있지 않았다. "교육장님, 말씀은 정말 고마운데 전 이미 사람에 대한 신뢰를 잃어버렸고, 정신적으로도 패닉 상태입니다. 몸과 마음이 피폐해질 대로 피폐해져서 학교를 옮긴다고 해도 아이들 앞에 제대로 설 자신이 없습니다. 전 행복하게 살려고 결혼했지 매일 말도 안 되는 이유로 두드려 맞으려고 결혼한 게 아닙니다. 진심으로 절 생각해서 하신 말씀인 줄 잘 알지만 전 한시라도 빨리 교직에서 물러나고 싶으니 사표를 시급히 수리해 주시면 감사하겠습니다." 그렇게 해서 바로 다음 날 서류 몇 장에 사인을 하고 자연인으로 돌아갔다.

교육청에서 모든 절차를 끝내고 갈 곳이 마땅히 생각나지 않아 무작정 걷다 보니 도심을 가로지르는 동천이 나왔다. 거기 천변에 앉아 있다 첫 번째 든 생각은 '이젠 뭐 하지?'였다. 그런데 슬프거나 불안하기보다는 긴장이 풀려서 '잠이나 실컷 자고 지리산이나 가야겠다'는 생각이 먼저 들었다. 뭐랄까? 군대에서 제대한 그날처럼 후련하긴 한데 멍했다.

학교를 표류하다

첫 학교를 그만두고 얼마 있지 않아 새로운 학교에서 일할 기회를 얻었다. 내 이야기를 전해 들은 여수의 어느 학교 교장 선생님이 지인이 교장으로 있는 지방의 한 사립 초등학교를 소개시켜 줬고, 면접을 거쳐 합격한 것이다. 그 학교는 대외적으로 대안형 사립 초등학교로 유명한 곳이었다.

발령까지 약 5개월의 공백 기간이 있어 서울로 올라와 기간제 교사로 잠시 근무하기도 했다. 그리고 그곳에서 멘토 같은 선생님 한 분을 만났다. 공지영 작가가 쓴 《봉순이 언니》의 배경인 북아현동에 위치한 학교였는데, 교감 선생님이 아침마다 학교에 일찍 나와 운동장에서 쓰레기를 주우셨다. 한번은 내가 "교감 선생님, 운동장 청소를 담당하는 학급이 있는데 왜 아침마다 직접 청소를 하세요?"라고 여쭸더니 "이 선생님, 아이들이 학교 와서 맨 처음 하는 일이 제일 싫어하는 일이 되면 되겠어요?"라고 반문하셨다. 그 말씀이 아직도 잊히지 않는다.

원래 가기로 한 사립 초등학교는 이런저런 이유로 가지 않기로 결정했다. 그 학교 교장 선생님과도 약간의 문제가 생겼고, 그 학교에 근무 중인 한 선생님께서 한 이야기도 마음을 흔들었다. "사실 우리 학교는 이 선생이 외부에서 전해 들은 그런 학교가 아니에요. 공립학교가 가지고 있는 구조적 모순과 폐단을 모두 안고 있습니다. 그래서 지금 계신 열두 분 선생님 중에서도 내년에 여섯 분이 그만두려 하고 있어요. 괜히 기대를 하고 왔다가 더 힘드실 수도 있을 것 같아요. 오지 않았으면 좋겠어요."

그 후로 쭉 서울과 경기 지역을 중심으로 짧게는 몇 주부터 길게는 1년 동안 시간강사와 기간제 교사를 하며 말 그대로 '생계형' 교사로 살았다. 이제는 근무한 학교가 총 스무 곳을 넘을 정도로 늘어났는데, 어느 학교에서는 재계약 조건으로 '인사'를 할 것을 요구하면서 한 달간 괴롭힘을 당한 적도 있고 또 다른 학교에서는 이 학교에 남으려면 교장한테 뭘 좀 갖다 줘야 한다는 동료 교사들의 친절한 충고 덕분에 10만 원짜리 상품권을 닥스 양말에 끼워 갖다 바친 적도 있다. 사실 처음에 동료 교사들로부터 들은 조언은 닥스 와이셔츠와 넥타이에 상품권을 30만 원 정도 넣어 드리라는 거였다. 아마 그게 소위 말하는 '공정가'였나 보다. 지금 생각하면 참 부끄러운 일이지만 그때는 그렇게 해서라도 학교에 남고 싶은 마음이 간절했다. 하지만 교장은 원래 방학까지인 계약 만료일을 방학식 날로 변경한다고 통보했다. 아마 소위 말하는 그놈의 '인사'를 너무 적게 드려서 마음이 상하신 듯했다. 이렇게 재계약 문제를 가지고 관리자가 말을 번복하는 상황에서 한마디 말도 하지 못한 채 그저 선처를 바랄 수밖에 없는 내 자신이 한없이 초라하게 느껴졌다. 비록 기간제 교사이지만 난 '교사'라는 단어에 방점을 찍으며 살고 싶었고 실제로 그렇게 살기 위해 몸부림쳤는데, 대부분의 관리자뿐만 아니라 동료 교사들마저도 늘 친절하게 '기간제'에 방점을 꾹꾹 눌러서 찍어 주었다.

학교에서 '범죄'도 자주 목격했다. 업체로부터 몇 푼을 받았는지 학생들을 거리도 엄청 먼데다 아직 공사 중인 시설로 현장 학습을 보내는 관리자도 있었다. 그 장소에 오가는 데만 왕복 6시간이 걸렸는데 활동 시간은 정작 1시간 반에 불과했다. 분당의 어느 학교에 있었을 때는 한 교사가 자기 반 아이를 괴롭혀서 학부모가 학교에 촌지를 들고 찾아오게 만든 일도 있었다. 이런 문제가 생길 때마다 교사들은 모두 쉬쉬했다. 2008년에는 임실교육청에서 일제고사 성적 조작 사건이 문제가 되자 정보부장인 교사가 나에게 각 반에 있는 평가와 관련된 모든 항목을 삭제하라 해서 각 반을 돌아다니며 지운 적도 있다. 늘 학교 관리자나 교사들은 '아이들을 위해서'라는 말을 입에 달고 살았지만 과연 그중에 진정으로 아이들을 중심에 두고 생각한 게 존재하긴 하는지 의구심이 들 정도였다. 많은 교사들은 "원래 다 그런 거야. 그래도 예전보단 많이 깨끗해졌어"라는 자위로 자신들의 행동을 합리화하려고만 했다.

누군가 그랬다. 정의의 반대는 불의가 아니라 의리라고. 내가 경험한 학교에서 그런 값싼 의리를 찾아보기란 그리 어려운 일이 아니었다. 면접 때 뽑아 주면 전교조 활동을 안 할 것인지 묻는 관리자도 있었고(이게 대표적인 부당 노동 행위인 황견계약**이라는 것은 나중에 알았다), 근로 계약서를 교부해 주지 않으려 하는 교감도 있었다. 하지만 내가 그런 부당한 일들에 일일이 시시비비를 가릴 수는 없는 노릇이었다. 기간제 교사가 학교에 문제를 제기한다는 것은 군대에서 이병이 사단장한테 "좀 똑바로 하셨으면 좋겠다"고 말하는 것과 같으니까. 언제나 학교는 무소불위의 힘을 가진 '갑'이었고 나는 뽑아만 주면 감지덕지해야 하는 힘없는 '을'이었다. 그래서 인간관계의 원만함을 위해 학부모가 강남 고급 한정식 집에서 동학년

** 노동조합에 가입하지 않거나 탈퇴할 것을 고용 조건으로 하는 노동 계약을 말한다.

선생님들을 융숭하게 접대한 회식에도 참석하면서, 나는 나도 모르는 사이에 그 침묵의 카르텔에 동조하는 교사가 되어 가고 있었다.

결국 3년 전쯤 더 이상 학교에 남아 있을 자신도, 열정도 없어 그냥 훌쩍 외국으로 떠나 여기저기를 떠돌아다녔고, 한국에 돌아와서는 심한 우울증을 앓아 무려 2년여를 은둔형 외톨이로 지냈다. 그냥 살아 숨 쉬는 것도 구차하게 느껴졌고 친한 사람들조차 만나기 싫었다. 눈만 뜨면 시간이라는 악마가 내 앞에 똬리를 틀고 날 노려보고 있었다. "이렇게 구차하게라도 생을 이어 가고 싶냐?"고 말하며 날 비웃었다. 워낙 외향적인 성격이라 나도 내 자신이 이렇게 '히키코모리'가 될 줄은 꿈에도 몰랐는데, 열정이 강한 사람이 그것을 풀 수 있는 곳을 만나지 못할 때 그것이 그대로 날카로운 칼이 되어 자기 자신을 찌르는 것 같았다.

그러다 작년 말 친구의 소개로 경남 산청 파프리카 농장에 재배 기술자로 들어가게 되었다. 처음엔 도시에서만 살다가 갑자기 인적이 드문 산속에서 지내는 게 답답하고 매일 단순 작업을 반복하는 것도 지겹기만 했다. 그런데 한 2주 정도가 지났을 때, 파프리카 열매가 예쁘게 보이면서 내 노력에 의해서 그것이 하루하루가 다르게 커 나가는 것이 눈에 들어오기 시작했다. 오랜만이었다. 일하는 기쁨과 보람을 느낀 것이. 그곳에서 일하면서 자신감도 다시 생기고 세상을 향해 걸어 잠근 마음의 빗장도 차츰 풀려 갔다. 아마 이런 걸 두고 원예 치료라고 하는 것 같다.

그럼에도 불구하고 다시 학교로

금년 초에 서울에 다시 올라왔다. 그리고 지난 3월 초, 전에 같이 근무했던 선생님이 교무부장으로 있는 학교에 나가게 되었다. 처음에는 가르칠 자신이 없다고 고사하였지만 도저히 기간제 교사를 구할 수 없어서 그러니 좀 도와 달라는 말씀에 마음이 약해져 나가게 된 자리였다. 정말 굶어 죽더라도 학교는 두 번 다시 나가고 싶지 않았다. 어느 정도로 심각했냐면 13층 아파트에 살 때 베란다 너머로 학교가 보이는 게 불편해서 항상 커튼을 쳐 놓고 지냈고, 운동장을 가로질러 가면 빠른 길을 놔두고 일부러 멀리 돌아가곤 했다. 마치 짝사랑하던 여인이 결혼하여 다른 남자와 같이 사는 동네를 지나칠 때의 느낌이라고 해야 할까?

학교를 떠난 지도 오래되어 '내가 과연 다시 아이들의 눈을 제대로 바라볼 수 있을까' 하는 두려움을 갖고 나간 학교는 그 전에 내가 일했던 학교들과는 달랐다. 아니, 학교는 그대로인데 내가 변한 것인지도 모르겠다. 아이들과 소통도 잘 되었고 배우고 가르치는 보람도 느낄 수 있었다. 그 전에도 아이들과 친구 같은 관계를 맺으려고 노력했고 실제로 친하게 지냈지만, 내가 설정한 테두리를 아이들이 벗어났을 때는 무척이나 냉정하고 엄격하게 다그쳤다. 하지만 다시 돌아온 학교는 첫사랑과의 해후처럼 설렘 그 자체였다. 그냥 아이들이 나를 바라봐 주고 내 말에 귀 기울이고 내게 말 걸어 주는 그 자체가 은총이었다. 아이들은 2년여 동안 식물인

간처럼 숨죽이고 살면서 무너져 내린 내 자존감을 천천히 일으켜 세워 주었다. 아이들은 나에게 좋은 벗이자 연인이자 의사 선생님이었다. 병가나 산가로 공석이 된 자리에 임시로 들어가거나 때론 불미스러운 일이 생겨 금년에만 벌써 네 번째 학교를 옮겼지만, 그 짧은 시간 동안 아이들에게서 받은 사랑으로 마음의 상처가 서서히 아물고 있다. 불현듯 도종환 선생님의 시 제목이 떠오른다. '흔들리지 않고 피는 꽃이 어디 있으랴.'

지금 다니고 있는 학교는 교장, 교감 선생님 두 분 모두 저절로 고개가 숙여질 정도로 훌륭한 인격의 소유자이다. 학교 분위기나 동료 교사들과의 관계, 아이들과의 신뢰감 등 거의 모든 면에서 이보다 더 좋은 곳은 없을 것 같다. 아침에 출근을 위해 기차역으로 걸어가는 길이 어릴 적 소풍 갈 때 바로 그 느낌이다.

"이제는 돌아와 거울 앞에" 섰지만 앞으로 운명이 날 어떤 방향으로 끌고 간다고 해도 교사로 살고 싶은 생각엔 변함이 없을 것 같다. 나는 아이들 속에 있을 때 가장 신명 나고 빛나는 사람이라는 걸 알았기 때문이리라. 부족하고 상처투성이로 돌아온 나를 아이들은 따뜻하게 끌어안아 주고 사랑해 주었다. 기간제면 어떻고 비정규직이면 어떤가? 대통령도 5년제 기간제인데……. 이제 그런 물리적 시간은 내게 더 이상 중요하지 않다. 그냥 잠시 살다 가는 인생, 마당놀이같이 내가 만나는 아이들과 함께 울고 웃다가 때가 되면 가볍게 웃으며 인사하고 떠나면 되는 것을……. 몇 년 전 읽었던 소설의 끝부분으로 글을 맺는다.

남들이 네 재산을,

네 아름다운 시절을,

네가 가진 모든 기쁨을,

네게 주어진 모든 재능을,

네게 남은 셔츠 하나까지 모조리 빼앗아 갈 수는 있겠지만,

네게는 항상 꿈이란 게 남아 있단다.

네게서 빼앗아 간 그 세상을 다시 만들어 세울 수 있는 그런 꿈.

— 야스미나 카드라, 《테러》 중에서

이형환 전 초등 기간제 교사
....
직업군인 생활을 하다 뒤늦게 교대를 나와 2004년도에 교사생활을 시작하였지만 군대보다 더 심한 학교의 구조적 폐쇄성에 환멸을 느끼고 3주 만에 사직한 후 여기저기 떠돌며 비정규직 교사로 살고 있습니다.

슬픈
사람,
안혜영

이계삼 《오늘의 교육》 편집자문위원

인내는 나의 오랜 특기.

소리 안 내고 우는 것,

터져 나오는 울음을 목으로 꾹꾹 눌러 담는 것도 나의 특기.

— 안혜영의 일기, 2006년 3월 4일 자

이번에 임용 시험을 보고 막 신규 교사 연수를 받고 온 안혜영이라고

합니다. 그저께 포천 ○○고로 발령을 받았어요. 당장 3월 2일부터 출

근이라 생각하니 얼떨떨하고 두렵기도 하지만 아이들과 만날 생각을 하니 설레고 두근두근거립니다.^_^ 시골의 작은 학교에서 선생님 하는 게 예전부터 꿈이었거든요. 시험 준비하면서 지칠 때면 벗 카페에 들어와 위안을 얻곤 했습니다. 이렇게 좋은 선생님들이 많이 계시는구나…… 나도 좋은 선생님이 되고 싶다…… 되새기면서요. 아이들과 우정을 나누고 서로 사랑하며 지낼 수 있다면 그것만큼 행복한 일이 없을 것 같아요. 아이들이 행복할 수 있으려면 어떻게 해야 할까…… 계속 고민하고 노력하고 또 작은 발걸음이라도 조금씩 실천해 보려 합니다. '벗'이 있어서 참 든든합니다.

2011년 2월 7일~11일, 한국교원대에서 신규 교사 연수를 마친 안혜영은 그 다음 날 오후 3시 8분에 교육공동체 벗의 다음 카페에 접속하여 위와 같은 가입 인사를 남겼다. 그리고 한 달 뒤, 후쿠시마 사태가 일어나던 날 새벽, 그는 아래와 같은 유서를 남기고 세상을 떠났다.

나는 아무래도 이 세상에서 살기에 적합하지 않은 사람이다. 영원한 아웃사이더. 아무리 해도 의미를 찾을 수 없고, 애착도 생기질 않는다. 세상의 모든 가치, 기준, 삶의 방식, 자신이 없다. 나약하게 도망치는 것일지도 모르겠다. 섣부른 결론일지도 모른다. 그래도 괜찮다. 앞으로 몇십 년을 더 산다는 게 너무나 버거울 따름이다. 사랑하는 사람들에게 상처 주지 않기 위해 버텨 온 삶. 목적도, 욕심도 아무것도 없다. 그저 우연과 진화가 빚어낸 이 순간, 나는 나를 둘러싼 이 모든 것이 비현실적으로만 느껴진다. 이 순간, 의식으로부터 벗어나고 싶다. 영원히, 안녕.

그 사이에 무슨 일이 있었던 것일까. 나는 안혜영의 사망 소식을 그의 남자친구의 공인노무사 수습 동기인 가까운 후배로부터 들었다. 곧이어 언론에도 그의 사망을 알리는 기사가 떴다. 그가 우리 교육공동체 벗 조합원이었다는 사실은 뒤늦게 알게 되었다.

그는 왜 목숨을 버렸을까. 첫 발령을 받은 학교가 가난한 농촌 아이들, 고아원에서 지내는 아이도 있는 학교라며 관사에 아이들을 불러서 밥을 해 먹일 거라고 제일 큰 밥통을 사서 이삿짐 보따리에 우겨 넣던 그는, 왜 발령 일주일 만에 스스로 목숨을 끊고 말았는가.

안혜영이 세상을 떠난 지 두 달 뒤,《오늘의 교육》에 그와 결혼을 앞두고 있던 남자친구의 글이 실렸다. 나는 그 글을 끝까지 읽어 낼 수 없었다. 힘겹게 그 글을 다 읽고 난 뒤, 나는 한 번도 만나 보지 못한 그가 나의 분신인 듯 여겨졌다. 그 글에 어렴풋하게나마 담겨 있는 그의 인생행로, 그의 기질, 젊은 날의 방황과 번민을 지나 아이들과 함께 지내고 싶어 학교로 오게 되었다는 교직 진출의 동기까지 그와 나는 여러 방면에서 닮아 있었다. 그러나, 그는 죽었고, 나는 살아 있다. 나 또한 이곳을 떠나려는 마음으로 지난 1년 내내 뒤척였던 것이다.

수업이 없는 시간, 교무실에 앉아 있는 것이 힘들어 나는 종종 체육 수업으로 비어 있는 교실을 찾아 거기서 책을 읽었다. 주고 받는 통화, 농담들, 쉬는 시간 아이들을 불러 야단치거나 타이르는 이야기들이 내 귀로 흘러들어 올 때마다 마음이 헝클어졌다. '이게 학교인가.' '여기서 무슨 교육이 일어나겠나.' 교직 경력 10년을 넘 겼지만 나는 끝끝내 교직 사회에, 학교 문화에 적응할 수 없었다.

스스로 교직생활의 마지막 해로 규정했던 2011년, 나에게 평일 내내, 그리고 토요일까지 자율학습을 감독해야 하는 우수반 담임 과 연구 기획 업무가 떠맡겨졌다. 교과부와 교육청에서 내려오는 온갖 공모 신청 서류를 만드느라 자주 늦은 시간까지 일을 해야 했다. 그리고 수업 공개와 대외 출전, 장학 업무가 덧붙여졌다. 일 주일에 대여섯 건의 공문을 기안했고, 늦가을에는 학교 축제를 준 비했다. 입시 철에는 3학년 아이들의 논술 특별 수업과 자기소개 서 첨삭, 추천서 작성을 맡아 했다. 아침 여덟 시에 출근해서 밤 열 시에 퇴근하기까지 수업을 제외한 나머지 시간을 오직 일만 해야 했던 날도 적지 않았다. 아이들한테 글쓰기 과제를 내 주고도 아 이들이 쓴 글을 읽을 여유가 없어 집으로 들고 와서 밤새 읽었다. 유독 내게 왜 이런 과중한 업무가 떨어졌을까. 지난해, 지지난해, 학교 관리자들과 돌이킬 수 없을 정도로 부딪히고 난 끝에 그것이 나에게 던져진 일종의 보복인지도 모른다는 의심을 했다. 그럴 개 연성도 적지 않았다. 그러나 꼭 그렇지만도 않을 것이다. 서른아홉 살 23호봉인 나보다 경력이 낮은 정규직 교사가 두어 명밖에 되지

않을 정도로 우리 학교는 심각하게 노령화되어 있기도 했다. 그러
나 나는 그들 관리자에게 왜 이렇게 어처구니없이 과중한 업무들
을 주느냐고 따지지 않았다. 마지막 해니까. 더 이상 큰소리 나는
일 없이, 딱 한 해, 올해만이라도 조용하게 지내고 싶었다.

그 1년 동안 나는 때때로 얼굴도 모르는 안혜영을 떠올렸다. 그
리고, 예정대로 학교를 그만두었고, 1차 탈핵희망버스 행사를 치
른 뒤, 그와 가까웠던 이들을 만나기 위해 서울을 찾았다.

안혜영과 10년간 연애했고 결혼을 앞두고 있던 남자친구, 그리
고 안혜영이 마음 깊이 의지했던 선배 언니를 만났다. 그 다음 날
은 남자친구의 주선으로 어머니를 만났다. 그리고 나는 포천에 있
는 그 학교로 찾아가고 싶었다. 마이클 무어가 카메라를 들고 총
기 사고가 일어난 콜럼바인 고등학교를 찾아갔듯이. 그러나 밤새
뒤척이다 그 일을 포기했다. 나는 학교를 너무나 잘 안다. 그들이
무슨 이야기를 하겠는가. 출근한 지 일주일이 채 되지 않은 근무
지에서 벌어진 자살 사건. 그의 동료, 관리자들은 이 사건과 학교
가 무관함을 애써 주장할 것이며, 다만 황당해할 따름이리라.

나는 다만 이 글로써 안혜영을 기리고 싶다. 예수가 그러하듯,
지금껏 지켜본 많은 죽음이 그러했듯, 죄 없는 자, 순결하고 무
구한 존재가 먼저 세상을 버린다. 남은 자는 그를 애도함이 마땅
하다. 그러므로, 안혜영의 주변 사람들을 만나고 그가 남긴 기록을
얼기설기 엮어 놓은 이 글은 안혜영에게 바치는 내 어설픈 추도사
이다.

안혜영의 벗들을 만나다

지난 3월 25일 저녁, 안혜영의 남자친구 김요한 씨와 대학 선배
김지현 씨를 동대입구역 근처에서 만났다. 그들은 학생운동이 사
실상 몰락했다고 평가받던 2000년대 초반, 사회주의를 지향하고
마르크스-레닌주의를 공부했던 극소수의 청년들이었다. 그들의
선배들은 대학을 마치고 생산 현장에 비정규직으로 취업하여 노
동운동에 뛰어들었다. 김지현 씨 또한 그 과정에서 감옥을 다녀왔
고, 한동안 힘든 시간을 거쳐 지금은 성폭력 피해자 쉼터에서 교
사로 일한다. 안혜영의 남자친구와 선배, 두 사람만을 만나 봐도
그가 어떤 사람인지, 그의 20대가 어떠했을지 짐작된다. 그들은 모
두가 제 살길, 제 즐거움을 찾아 뛰쳐다니던 시절에 시대의 흐름
을 거슬러 투쟁했고, 그 시절이 남긴 상처로 여전히 뒤척이고 있
는 듯했다. 그들 중에서도 안혜영이 특히 그러했으리라. 김지현 씨
가 안혜영과의 마지막 만남을 들려준다.

임용 붙고 나서 학교 배정을 받고 포천 가기 전까지 굉장히 생동감이
있었어요. 지금껏 찾아볼 수 없었던 모습이었죠. 지독하게 살았고, 그
래서 늘 우울해했던 앤데, 합격하고 나서 한동안은 이전까지 보기 힘
들었던 에너지를 봤거든요. 대학 졸업하고 나서는 운동을 못 했고, 그
래서 운동에 목말라 있기도 했고, 그래서 교사가 되면 투쟁도 열심히
할 거라고 여러 번 이야기했어요. (……) 그런데 3월 1일 날 전화가 왔

어요. 다음 날이 개학인데 그 전 주에 미리 가서 이사도 해 놓고 학교에 며칠 나간 모양이에요. 저한테 대번 서울로 돌아가고 싶다는 거예요, 대번에. 싫다고, 담임은 못 맡고, 행정적인 일을 맡았는데, 어떻게 하는지 가르쳐 주지도 않고, 인수인계도 안 하고……. 그런 얘길 하면서 서울로 가고 싶다고, 여기 있기 싫다고 그랬어요.

남자친구와 지현 씨, 그리고 그의 어머니로부터 안혜영이 학교에서 겪은 일들을 들었다. 안혜영은 업무 분장, 과목 배분, 담임 배정 등 일련의 과정에서 오늘날 교직 사회에 팽배한 어떤 분위기를 느낀 모양이다. 며칠간의 학교생활이었지만, 살갑게 다가오는 사람을 만날 수 없었고, 깍쟁이 같은 느낌을 주는 동료들로부터 스트레스를 받은 모양이다. 그 과정에서 솔직한 자기표현에 서툰, 그래서 늘 바보처럼 떠밀려 왔던 익숙한 좌절의 기억을 반추한 모양이다. 그가 3년 전쯤에 남긴 기록 중 이런 게 있다.

사람들 틈에서 살아가는 일은 언제나 힘이 든다. 나는 아무리 어린 사람이라도 인격적으로 존중하고 싶고 또 그로부터 배울 게 있다고 생각하는데 상대는 그런 나를 얕잡아 본다. 강자에게 약하고 약자에게 강한 부류의 인간이 세상의 대다수를 차지하고 있는 것 같다. 내 성격, 내 성향. 나 스스로 감당하기가 벅차다.

— 2006년 3월 4일 자 일기 중에서

그러나, 그게 무어 별스런 일이겠는가. 안혜영이 며칠 동안 겪었던 일은 오늘날 우리네 학교의 일반적인 풍경이다. 학교는 원래 이런 곳이다. 학교는 어떻게 하면 아이들과 서로 사랑하며 지낼 수 있을지를 생각하며 돌아가는 공간이 아니다. 교직 사회란, 어떻게 하면 수업을 적게 할지, 어려운 업무나 귀찮고 피곤한 상황을 피해 갈 수 있을지, 그러면서도 교권이라 부르는 자기 체신을 지킬 수 있을지를 생각하는 이들의 안일과 안락의 정서가 이끌어 가는 사회이다. 때로 아이들 보기 창피한 다툼까지 벌어지는 이 싸움에서 지는 쪽은 언제나 나이 어린 사람, 여교사, 싫은 소리 못 하는 사람, 신경 줄이 팽팽해지는 냉랭한 분위기를 잘 못 견디는 여린 성정의 사람, 그리고 기간제 교사들이다.

작년 2011학년도가 끝나 갈 무렵 학교 축제를 하게 되었다. 축제 계획을 짜서 업무 분장을 하는데, 축제의 큰 틀을 함께 구상하고 품이 많이 드는 일을 맡아 줄 선생님 너댓 명이 필요했다. 누구에게 부탁할지 메모지에 리스트를 적어 내려가다 보니 앞선 순번은 모두 기간제 선생님들이었다. 화들짝 놀랐다. 나 또한 그렇게 되어 있었다.

안혜영이 맡은 업무는 학적이었다. 3월 한 달, 특히 신입생과 전·출입 관련 업무가 폭주하는 개학 후 첫 한 주간은 눈이 팽팽 돌아갔을 것이다. 그는 방대한 분량의 일기를 남겼지만, 생의 마지막 순간, 3월 첫 출근 이후로부터 일주일간 남긴 사색적인 글이란 딱 한 줄, '아이들에게 도움이 되는 것이 무엇일까'뿐이다. 그리고 유서가 남았다. 전국국어교사모임에서 기념품으로 주는 스프링 노트에는 그가 맡았던 학적 관련 업무들, 전·출입 사항, 차세대 네이스 업무 관련 메모가 빽빽했다. 교사들은 기억할 것이다. 2011년 3월, 학교 교육행정과 관련된 모든 영역을 하나로 묶어 놓은 차세대 네이스 시스템이 도입된 첫 달, 교무실에서 벌어진 혼란을. 수없는 에러와 다운으로 네이스 업무 담당자들은 한동안 패닉 상태가 되었다. 알아본 바에 의하면 안혜영이 맡은 학적 업무와 관련하여 선배 교사들이나 관리자들이 그에게 눈에 띄는 질책을 한 적은 없다고 한다. 나도 그렇게 믿고 싶다. 다만, 안혜영의 기질, 남에게 아쉬운 소리를 못 하고 도움을 청하는 데도 서툰, 그러면서도 지금까지 쌓아 온 자신과 세상에 대한 좌절이 폭발하는 어떤 순간이 있었을 것이다. 남자친구에게 안혜영이 전화로 전해 준 이야기는 이런 것이었다. "업무 때문에 수업 준비할 시간이 없다. 수업 준비도 제대로 못 한 채 아이들 얼굴을 만나는 것이 너무 고통스럽다."

안혜영에게는 그런 넉살이 없었다. 대학 졸업 이후 극심한 생활고에 시달리던 그가 얻은 가장 좋은 아르바이트 자리는 월 50만 원짜리 과외였다. 영어, 수학과 함께 탐구 영역 몇 과목을 함께 가르치는. 그러나 당시 그는 공무원 시험을 준비하고 있었다. 내실 있는 수업을 준비할 시간적 여유가 없어 답답해하던 그는 그 좋은 과외 자리를 결국 포기하고 말았다.

그토록 지독하게 버티며 찾아온 교직생활, 그 들머리에서 앞으로의 자신의 삶이 이전과 별로 달라지지 않을 것이라는 익숙한 좌절이 그를 덮쳤다. 며칠 동안 격하게 흔들렸을 것이다. 그리고, 밤새 컴퓨터 앞에서 끙끙거리다 출근 준비를 마친 3월 11일 새벽 네 시, 그는 관사 화장실 수건걸이에 목을 매었다.

성장 과정과 대학 시절

어릴 때 너무 착했어요. 우리 혜영이 같은 딸내미는 전국에서 서너 명 찾을래도 못 찾을 거라고 선생님들이 칭찬을 했어요. 초등학교 때부터 야단 한번 쳐 본 적이 없어요. 여섯 살짜리가 싱크대 앞에서 다라이 엎어 놓고 설거지를 하질 않나, 엄마 허리 아프다고 허릴 만져 주질 않나. 친구들 사이에서 별명이 일공공사, 천사였어요. 애들 이야기를 그렇게 잘 들어 주고. (……) 과외 한 번, 학원 한 번 안 다녀 보고 수시 특차로 고대를 갔는데, 담임 선생님은 연대를 넣으라 했어요. 근데 혜영이는 연대는 부잣집 애들 온다고 고대를 넣었어요. 그러고 나서도 수능 성적이 잘 나오니까 담임 선생님이 그냥 정시로 서울대를 넣으라고도 이야기를 했는데, 서울대 애들이 우리나라 다 망쳐 먹었다며 서울대는 안 간다 그랬어요.

어린 시절 안혜영은 조숙했다. 무엇보다, 아버지의 가부장적 폭력에 깊이 상심했던 것 같다. 그의 어머니가 들려준 어린 시절 이야기나 그가 사춘기 시절 쓴 글을 보면 존재와 허무, 근본에 대한 지향, 강렬한 자의식이 엿보인다. 이 나이 대에 그런 고민을 하는 이들 중에는 종교를 택하는 경우가 적지 않다. 그러나, 그는 무척 이성적인 사람이어서 사회를 변혁하는 일에 참여해야 한다고 믿었던 것 같고, 어머니의 고단한 삶을 지켜보면서 페미니즘에 빠져들었다. 그의 근본 지향은 인문학부, 그중에서도 철학과로 그를 이끌었다. 그리고 그는 과 학생회, 교지 편집위원회를 거치며 사회주의를 표방하는 좌파 학생 그룹의 활동가로 거의 6년 동안 학생운동을 했다. 그는 운동을 통해 세상뿐만 아니라 스스로를 변화시키고 싶어 했다.

> 후배들의, 아니 동지들의 눈물 속에서 나의 삶을 더욱 반성하게 된다. 앞으로의 내 운동이 어떠해야 하는가를 더 많이 고민하게 된다. 정말 쉬운 일이 아니었다. 그리고 어쩌면 필연적인 귀결. 더 치열하게 제대로 하자. 긴장을 놓지 말자. 항상 스스로에게 물어야 한다. 너는 너의 삶 전부를 걸고 운동을 해 나가고 있는가. 부딪치고 깨지고 아파하고 고민하는 시간만이 나를 단련시키고 정치적으로 상승시킬 것이다.
>
> — 2004년 4월 7일 자 일기 중에서

안혜영은 마르크스-레닌주의자로 살아가고자 했다. 2000년대 초반, 언필칭 '후기 산업사회'라는 한국에서 마르크스-레닌주의라니. 뭔가 외곬의 관념, 맹목에 기울어 있었던 것은 아니었을까. 나는 남자친구에게 그들의 20대 중반 시절까지를 지배했던 마르크스-레닌주의에 대해 물었다. 자신과 안혜영은 마르크스-레닌주의의 명료함에 반했고, 마르크스와 레닌이 자신들의 혁명론을 구체적 현실에 적용해 가는 것을 공부하면서 느낀 창조적 희열에 매료되었다고 답해 주었다. 고개를 끄덕였지만, 나로선 안타까웠다. 나 또한 대학에서 마르크스주의의 세례를 받았지만 체질에 맞지 않았다. 변증법적 유물론과 역사적 유물론의 몇 가지 정식들이 이 복잡다단한 인간의 삶을 정리해 줄 것 같지 않았다. 정치경제학과 자본론까지 얼기설기 배웠지만, '빼앗긴 것을 되찾아야 한다'는 그 보편적인 정의가 왜 하필 사회주의 혁명이라는 하나의 필연으로 귀결되어야 하는지에 대한 내 회의를 잠재우지는 못했다. 물론 그때 내가 배운 책들이 대부분 소련과 동독의 어용학자들이 만든 관제 교과서였다는 것, 그리고 서구 문화의 풍부한 유산을 담은 마르크스주의를 '교리문답'으로 형해화시킨 스탈린주의에 불과했다는 사실 정도를 뒤늦게서야 알게 되긴 했지만. 학생운동에 참여한 4년 내내 나는 회의했고 방황했다. 그리고 군대 시절, 《녹색평론》을 통해 길을 찾았다. 그때 읽었던 무위당 장일순 선생님과 권정생 선생님의 글은 나에게는 복음이었다. 물론 내 기준으로 마르크스-레닌주의를 그렇게 폄하할 수는 없을 것이다. 다만, 나는 그것이 안혜영의 고뇌에 대해 답을 줄 수는 없었을 것이라 생각했다.

안혜영의 선배들은 비정규직 공장 노동자로 현장에 들어갔지만 그는 그렇게 할 수 없었다. 그는 가장 노릇을 해야 했다. 아버지의 가부장적 폭력에 시달리던 어머니는 그가 대학에 다닐 무렵 이혼을 했다. 어머니는 지병을 앓고 있었고, 거동이 불편했다. 돈암동

에서 셋방을 얻었지만 월세를 못 내서 정릉 쪽에 있는 빌라 반지
하로 갔다. 스스로 '104계단'이라 이름 붙인 가난한 산동네, 단열
이 안 돼서 난방비 부담이 적지 않았던 집에 어쩔 수 없이 눌러앉
아 살아야 했다. 그는 세상을 바꾸기 위해 투쟁했지만, 세상은 하
나도 달라지지 않았고, 다들 제 살길 찾아 뿔뿔이 흩어지고 난 뒤
쓸쓸하게 어머니를 모시면서 생업 전선에 뛰어들어야 했다. 그가
공무원 시험을 준비하면서 임대 아파트 신청 서류를 넣고 기다리
던 무렵의 기록이다.

또 갑갑하다. 엄마는 차상위계층이 되기 위해 동사무소 사회복지사에
게 굽신거려야 했고, 그럼에도 불구하고 절차의 문제로 오늘 임대 아
파트를 신청하는 데 차상위계층임을 입증하는 서류를 넣지 못했다. 종
합 점수 6점. 65명이 오버하는 상황에서 겨우 6점으로 당첨되는 건 그
래, 인정하기 싫지만, 혹시나 하는 미련이라도 갖고 싶지만, 무리다. 인
정하고 나니 서럽다. 서럽다. 사는 게. 옆집 이사 가고 나서 그 집 배고
픈 바퀴들이 계속 우리 집으로 몰린다. 우리 집에도 먹을 거 없는데.
계속 스멀스멀 어디선가 기어 나오는 바퀴에 진저리를 친다. (……) 견
물생심이라고, 이 집보다 매달 3만 원만 더 들이면 계단도 없고 교통
도 편하고 매연도 심하지 않은, 평지라 엄마가 시나브로 산책도 다닐
수 있는, 그런데다가 새로 지어 깨끗한, 충분히 넓은 그런 환경에서 살
수 있다는 걸 알게 되니까, 순식간에 정들었던 우리 집이 구질구질하
게만 느껴졌다. 큰 방은 이제 보일러도 잘 안 돼서 고치려면 방구들을

뜯어내야 된다는데, 아, 다음 겨울은 또 어찌 보내나. 감수하려 했던 것들까지 모조리 족쇄처럼 떠올라 의식을 쥔다. 다시 맘을 되돌리는 데는 시간이 좀 걸리겠지. 체념. 그게 가장 또 가슴 아프다. 내 인생이 이렇지…… 또 이렇게 되뇌일 엄마. 그래 엄마 때문이다. 맘이 이렇게 무거운 건. 계단만 좀 없고 매연만 덜해도 엄마가 이렇게 집 안에만 갇혀 있진 않을 텐데 하는 안타까움. 휴, 옆집에 이사 올 노숙자 아저씨들이 조금만 예의 있게 대했어도 엄마가 이렇게 걱정하진 않을 텐데. 여자 둘이 사는 집 바로 옆에 남자들만 득실대게 생겼으니. 무슨 일이 정말 생기는 것보다 엄마가 걱정하고 맘 졸일 것 땜에 맘이 무겁다. 작년부터, 재작년부터 계속 공부해 왔을 공무원 수험생들. 이번 국가직, 지방직을 마지막이라 생각하고 아득바득 공부하고 있을 전국의 수십만 청년들. 바글바글 수백 명이 강의를 듣는 노량진, 신림동 사진을 보니 한숨이 절로 나온다. 올해 안에 되지 않으면 다른 어떤 희망이 또 있을까. 엄마와 나, 돈이 없다. 상반기 시험까지 안 되면 잠시 공부를 포기하고서라도 알바를 뛰어야 할 듯하다. 아, 내 안의 것들이 버거워한다. 넘치려고 한다. 엄마랑 그래도 오손도손 살고 있었는데. 갑자기 이 달라진 것도 없는 일상이 힘이 드네. 힘들지 않다고, 괜찮다고, 맘을 다독여 왔던 자아가 울컥울컥 목이 따끔거리게 넘어 올라온다.

— 2006년 3월 2일 자 일기 중에서

그저 평범한 가정에서 평범하게 사는 게 사실 가장 행복한 것인지도 모르겠다. 내가 그토록 어릴 때부터 경멸해 마지않았던 평범함. 세

상의 기준. 콧대 높이며 눈을 내리깔고 보았던 그 모든 것들이 이제
는 100만 자 높이로 나를 가로막아 둘러싸고 숨 쉴 틈도 주지 않는 것
같다. 네 까짓 게 쳇, 아무것도 몰랐던 주제에. 그저, 돈이란 거, 길들여
진 사람들과 관습과 문화들이란 것 틈에서 독야청청 푸르게 외롭게 아
름답게 살아간다는 것은 관념이요 허상인 것이었다. 그것을 관념이 아
니라 몸으로 느끼는 요즘이다. 가난은 사람을 왜소하게 만들고 스스로
를 구차하게 만든다.

— 2006년 1월 4일 자 일기 중에서

빨리 맘을 잡고 시험공부를 시작해야 하는데. 나의 의지를 움직이는
것은 대체 뭐란 말인가. 너무나도 한심한 족속. 이때껏 살면서 제대로
능력 하나 키운 게 없구나. 할 줄 아는 게 없구나. 아, 참으로 스물일곱
이란 나이는 사람을 질식하게 만드는구나.

— 2006년 1월 9일 자 일기 중에서

그 시절, 그는 지독하게 살았다. 어느 날에는 지하철 요금이라도
아껴 보겠다고 어머니의 장애인증으로 지하철을 타다 적발을 당하
고 말았다. 지하철 요금이 900원 하던 시절이었다. 30배 벌금을 내
야 한다는 직원 앞에서 그는 순간적으로 900원의 30배가 27만 원
이라고 계산하고 말았다. 지하철에서 직원에게 눈물을 흘리며 죄
송하다고, 용서해 달라고, 지금은 27만 원이 없다고 사정을 했다.
2만 7천 원인데…….

생업의 전선에서 허덕이던 그에게 울컥울컥 목이 따끔거리며 넘어오던 것은 무엇이었을까. 선배들은 감옥살이를 하고 투쟁 현장에서 몸부림을 치는데, 자신은 뭘 하고 있나 하는 죄책감이 밀려오기도 했다.

> 비정규직 법안 통과에도 철도 파업에도 그저 진보적 시민 이상의 관심조차 갖지 못하고 있는 나, 나, 나. 일 년 후, 이 년 후, 십 년 후, 어느 거리를 어떤 모습으로 어떤 생각으로 걷고 있을까.
>
> — 2006년 3월 2일 자 일기 중에서

진화생물학과 교직에의 꿈

신산한 나날들이었지만 안혜영의 지적 재능과 근원에 대한 질문이 사그라지지는 않았다. 그는 꽤 오랜 시간 동안 진화생물학에 매료되어 그 방면에 관한 많은 책을 읽었다. 공무원 시험, 수능 준비, 편입 시험, 임용 시험을 거친 6~7년 동안 그는 무수한 수험서와 전공 서적을 섭렵했고, 과외와 학원 수업을 준비하느라 쉴 틈이 없었지만 한쪽에서는 언제나 진화생물학과 심리학 공부를 했다. 확실히, 안혜영은 '인간이 어디서 왔고, 어디로 가는지', '산다는 것은 무슨 의미인지' 따위의 근원적인 질문에 대한 천착이 남달랐다. 고등학교 때는 가톨릭 신앙에 빠져들었지만, 대학 시절에는 마르크시즘과 페미니즘으로 옮겨 왔고, 이십대 후반 도달한

탐구의 종착점은 진화생물학이었다. 마지막 4년간, 그가 남긴 두 툼한 네 권의 일기장에 담긴 내용 중에서 절반 이상은 진화생물학과 심리학 관련 서적에서 읽은 내용을 옮겨 적은 것이다. 그는 실로 지독하게 공부했다. 그리고 종교와 사회과학을 대체하는 자신만의 신념을 만들어 나갔다. 이 모든 것은 그저 우연이라는 것, 이 생의 끝에는 거대한 허무가 있을 뿐이라는 것, 그러므로 지금 누리고 있는 생은 어쩌면 아무것도 아닐 수 있다는 것까지. 이 기록들을 읽으며 안타까웠다. 그가 한 땀 한 땀 고되게 엮어 나간 믿음이란 고통에 대한 응전이라기보다는 자신의 병적인 우울을 설명하고 합리화시켜 주는, 사실상 도피의 기제였기 때문이다.

우연과 진화가 빚어낸 삶.
거창한 의미 따윈 없는 삶.
결국, 역사 속 먼지로 돌아갈 삶.
조금 더 힘들게 살다가 갈 수도 있는 것이지.
거대한 우주를 생각하면
정말 별거 아닌 일이다.
정말로 아무것도 아닌 일이야.

— 2010년 1월 31일 자 일기 중에서

그의 우울을 다스려 주었던 것은 아이들과의 만남이었다. 힘없고 약한 것들에 대한 사랑의 마음. 그의 일기 속에 자주 등장하는 원초적인 뇌 조직 '변연계'에서 가장 왕성하게 작동하고 있을 그의 에로스. 그는 그것으로써 이 우울에 맞서고 우울을 넘어서려 했다.

오늘 학교 오려고 버스 정류장에 갔더니 길옆 나무들이 다 베어지고 없다. 지하철엔 사람들로 넘쳐 난다. 이 많은 사람들이 모두 바삐 어디로 가는 걸까. 지하철엔 어김없이 잡상인이 있다. 두 번 걸리면 벌금이 백만 원이라는데. 마음이 조마조마하다. 조용히 다가가서 얘기라도 해 줘야 되는 건 아닌지. 혹시 벌금이 백만 원인 거 알고 계시냐고, 조심해서 다니시라고. 오죽하면 그렇게라도 시끄럽고 공기 나쁜 지하철에서 하루 종일 옮겨 다니며 물건을 팔까. 일자리도 못 마련해 주면서 왜 물건도 못 팔게 단속하고 지랄이냐. 껌 파는 할아버지, 구걸하는 장애인, 언제나 마음이 무겁다.

— 2009년 4월 3일 자 일기 중에서

이십대 후반이 되어서야 그는 교직에 대한 꿈을 키우게 된다. 안정적인 일자리가 필요했고, 아이들과의 만남에서 희망을 찾고자 했다. 나 또한 그러했다. 대학 4년을 꼬박 바친 학생운동의 좌절에서 나를 일으켜 세워 주었던 것은 군대 제대 후 복학해서 아르바이트를 하던 보습 학원에서 만난 아이들이었다. 그때 내가 만났던 중학생 아이들은 얼마나 어울릴 사람이 없었으면 내가 살던 자취방으로 놀러 올 생각을 했을까. 한여름, 같이 캠핑을 가자고 조를 생각은 또 어떻게 했는지, 내가 학원을 그만둘 무렵 하나같이 편지를 쓰고, 종이접기로 액자를 만들고, 지점토로 만든 딸기를 선물하고, 울먹인 연유는 무엇인지. 지금 생각하면 이 모든 일들이 내게는 기적 같은 것이었다. 아마 안혜영에게도 그런 순간들이 찾아온 모양이다. 그는 학원 선생을 하든, 과외를 하든, 아이들한테 인기가 있었다. 사랑에 갈급한 이들끼리의 진심이 통했기 때문이리라. 이름을 불러 주면 움찔하며 긴장하는 모습이 너무나 사랑스럽더란다. 그는 정이 넘치는 사람이었고, 그 사랑으로 지난 삼십 년 동안 세상에서 부대낀 좌절들을 치유하고자 했을 것이고, 아이들에게 사랑을 나누어 주고 싶었을 것이다.

내 시선이 항상 뭔가 결핍되고 주눅 든 것 같은 아이들, 우울하고 힘겨워하는 아이들에게로 향한다는 것, 최근에야 어쩌면 그것이 내 내면의 어린아이를 보는 마음일 수도 있겠다는 생각을 했다. 학원에서 일을 하면서도 늘 아이들을 보면 마음이 아프고 애잔했다. 길거리에서나 지하철에서도 늘 아이들에게 먼저 눈이 갔다. 저 아이들이 상처받지 않고 잘 자라야 할 텐데 하는 마음. 괜시리 눈물이 쏟아질 것 같은 마음.
— 2010년 3월 25일 자 일기 중에서

그는 서른 살 나이에 서울대 국어교육과 3학년으로 편입했다. 첫 학기에 전 과목 만점을 받을 정도로 열심히 공부했고, 4학년 2학기에 치른 경기도 국어과 임용 시험에서 전체 4등으로 합격했다. 이제 드디어 뭔가가 뻥 뚫린 것 같았을 것이다. 이 무렵, 그의 수

첩에는 읽어야 할 책들의 목록, 읽었던 책들에 대한 간략한 서평들이 담겨 있다. 생물학 서적이 몇 권 있긴 하지만 대부분 교육 관련 서적들이다. 그 목록의 일부만 나열하자면 이렇다. 《교실 속 갈등상황 100문 101답》, 이반 일리치의 《학교 없는 사회》, 라이머의 《학교는 죽었다》, 닉 데이비스의 《위기의 학교》, 박현희 선생의 《땅콩 선생, 드디어 인권교육하다》, 존 브래드쇼의 《상처받은 내면 아이 치유》, 프랑스의 프레네 교육을 소개한 책……. 메모장에는 교육공동체 벗 가입, 전국국어교사모임 가입, 《한겨레21》, 《시사IN》 구독도 적혀 있다.

연수를 마치고 그는 교육공무원으로 임용되었고, 3천만 원 한도의 마이너스 통장을 발급받았다. 어머니 마이너스 통장으로 빌려 쓴 천만 원을 우선 갚았다. 그리고 학교에서 입을 정장과 옷가지들, 몇 가지 가전제품들을 샀다. 그리고 이모네가 진 빚 천만 원을 갚아 주었다. 어머니가 늘 안타깝게 생각하던 이모의 사정을 듣고 서였다. 만류하는 남자친구에게 "엄마가 나한테 지금껏 해 준 게 있는데, 앞으로 돈을 벌 거니까 괜찮아"라면서 말이다. 안혜영은 그런 사람이었다.

어머니와의 만남

어머니를 만났다. 남자친구가 이 만남을 제안했을 때, 나는 적이 당황스러웠다. 남자친구가 이 아무개라는 사람이 인터뷰하러 서

울에 오게 되었다고 어머니께 전화를 했더니 집에 꼭 다녀가라고
전해 달라 하셨다 한다. 안혜영이 국어교육과에 편입해서 다니던
시절, 그리고 임용 시험 수험생이던 시절, 도서관에서 《우리교육》
을 찾아 읽었고, 거기 연재되던 내 글을 읽고서 여러 경로로 내 글
들을 찾아 읽은 모양이다. 어머니도 딸이 남긴 책 더미 속에서, 또
가끔 〈한겨레〉를 통해서 내 글을 읽으신 듯했다. 딸이 좋아하던 선
생님을 꼭 만나 보고 싶다는 청을 거절할 수 없었다. 어머니는 장
위동에 있는 임대 아파트, 열 평 조금 넘을 것 같은 작은 집에 아
들 내외와 손주와 함께 살고 있었다. 어머니는 지병 때문에 가을
부터 이듬해 봄까지 바깥출입을 하지 못한다.

작은방 탁자 위에 놓여 있는 안혜영의 대학 졸업 사진을 보았다.
사진 속에서 그는 생글생글 웃고 있었다. 그 사진 어디에도, 그가
남긴 글들을 가득 채우는 슬픔의 빛은, 독하고 깊은 자의식의 흔
적은 찾아볼 수 없었다. 아, 안혜영, 좀 더 살았더라면. 죽음의 늪
에서 한 발짝만 더 바깥으로 내디뎌 줬더라면.

어머니는 아직 공무원연금관리공단에서 지급하는 사망자 조위
금도 받지 않았다. 안혜영의 남동생 또한 조위금을 지급받기 위해
학교를 방문해야 하는 일 자체가 고통스러워 아직도 그쪽으로 발
길을 돌리지 못하고 있다. 인터뷰 내내 어머니는 우셨다. 그리고,
더듬더듬 천천히 읊조리듯 말했다.

제가 내 새끼 못 지키고…… 제가 못 지켰습니다. 제가 못 지켜서…….

(울음) 하느님이, 우리 혜영이 그만 고생시킬라고 데리고 가셨다는 거, 그렇게 바꿔서 생각을 항상 하지만 또 순간적으로 내가 못 잡은 거, 못 지킨 거, 못 해 보고 간 게 너무 많고…… 그 애가, 과외하고, 학원 다니면서 뭐 돈이라도 좀 벌면 십 원 한 푼 안 쓰고 모아서 엄마를 다 줬어요……. 여자로서 챙길 것 챙기고, 그러지를 못했어요……. 교생 할 때 정장을 입으라 하니까 그때 옷을 좀 사서 입고, 3차 시험 면접 갈 때 요한이가 옷을 하나 선물해서 그거 입고 가고. 호강했던 게 그게 다예요……. 못난 엄마 만나서…… 고생 많았어요.

눈물 끝에 잠시 웃으며 말씀하셨다. "어제 요한이가 전화해서 이 선생님 간밤에 약주 많이 하셨을 거라고, 짬뽕 한 그릇 시켜 드리라대요." 나도 웃으며 답했다. "그래요, 어머니, 함께 짬뽕 먹지요." 짬뽕을 먹으며 뻘뻘 흐르는 땀을 휴지로 연신 닦으며 말했다. "어머니, 저는요, 사랑하는 마음이 있으면 그 마음은 안 없어진다고 생각해요. 저는요, 가끔 저희 집 꼬마가 이쁜 짓을 할 때, 학교에 입학하던 날 같은 때, 세상을 떠나고 안 계신 부모님께 이야기를 해요. 엄마 아부지, 지금 보고 있지요? 그렇게 얘기하면 어머니, 아버지가 정말로 곁에 같이 있는 것만 같아요……. 그러니까요, 혜영 씨두요, 어머니한테 지금도 말하고 있을 거예요. 미안하다고, 죄송하다고, 기도하고 또 기도하면서, 어머니 지켜 주고 있을 거예요. 다시 만날 텐데요, 뭘. 그날에는 혜영 씨가 어머니한테 사죄할 거예요. 반드시, 꼭 그럴 거예요, 어머니."

더 이상 드릴 말씀이 없었다. 헤어질 무렵이 되니 어머니는 또 눈물을 흘리며 배웅해 주신다. 그리고, 지금도 나는 아침에 일어나 가끔씩은 서재로 쓰는 내 방 의자에 앉아 어머니를 위해 기도한다. 하느님께서 당신을 위로해 주실 것을. 그리고, 때때로 작은 엽서를 쓴다. 그러면, 어머니는 나에게 전화나 문자 메시지를 주신다. 고맙다고, 고맙다고. 앞으로도 잊지 않고 일 년에 몇 번은 어머니께 그렇게 인사를 드릴 생각이다.

> 마음은 헤아릴 수 없이 외로운 것
> 오래 전에 울린 종소리처럼
> 돌아와 낡은 종각을 부수는 것
> 아무도 그를 타이를 수 없지
> 아무도 그에겐 고삐를 맬 수 없지
>
> — 이성복, 〈마음은 헤아릴 수 없이〉 일부

안혜영, 그는 이 형편없는 세상에 살기에는 너무 순결했고, 그가 버텨 온 세월은 너무 신산했다. 마음속에 울리는, 헤아릴 수 없는 종소리를 들으며 뒤척였던 사람, 슬픈 사람, 안혜영. 그가 세상을 떠난 일 년 뒤에서야 나는 그를 향해 메아리 없는 작별 인사를 읊조린다. 당신보다 세속의 때를 훨씬 더 묻힌, 덜 치열하고, 적당히 속물스러운, 나 같은 인간들이 살아남아 객쩍은 소리를 지껄이며 지금 살아 있다. 시대의 악마적인 생존 방식은 철옹성처럼 단단하고, 우리는 부끄러운 줄도 모르고, 우울도, 방황도, 잠시간의 머뭇거림도 없이 펄렁펄렁, 낄낄대며, 지껄이며, 잘도 살고 있는데, 당신은 왜 그리 서둘러 이 세상을 떠나야만 했는지……. 슬픈 사람, 안혜영. 이젠 안녕. 이 땅에 온 작은 천사는 뒤척이다 뒤척이다 결국 우리 곁을 떠나고 말았다.

안혜영, 심상 인맥

이계삼 《오늘의 교육》 편집자문위원

중등 국어 교사로 11년간 일했습니다. 퇴직 이후 농업학교를 준비하려던 와중에 밀양 송전탑 싸움에 함께하게 되어 지금은 밀양송전탑반대대책위 활동, 녹색당 활동으로 바쁩니다. 학교를 나온 지 5년 차, 교육과 정치, 탈핵과 정치, 교육과 탈핵, 농업과 교육, 수많은 만남들 사이에서 좌충우돌하면서 무언가 '생의 알리바이'를, '성장과 배움의 논리'를 찾아가고 있습니다.

2부

교육을
배반한
학교

내가 겪은
몹쓸 일,
방과후학교

강아지똥 초등 교사

아침마다 고민을 한다. 두 길 중 어디로 갈 것인가? 한 길은 마을버스를, 다른 한 길은 시내버스를 타는 길이다. 마을버스를 탈 경우 중간에 시내버스로 갈아타면 바로 학교 앞에 내릴 수 있다. 30분 정도 버스에 앉아 독서를 할 수 있는 길이다. 시내버스를 타는 길은 다섯 정류장 정도를 가다 중간에 내려서 거리로는 네 정류장, 시간으로 치면 25분가량을 걸어야 한다. 처음에는 걷는 게 힘이 들어 중간에 버스가 지나가면 잡아탈 생각을 했는데(그러나 요즘 버스는 절대로 기다려 주지 않는다. 탈 손님이 없으면 바로 출발을 해 버린다) 요즘엔 그냥 마음을 내려놓고 걷는다. 이 시간은 오로지 걷는 데 집중하며 고독과 마주한다.

사실 걷는 코스를 이용하기 시작한 건 고작 지난 5월부터이다. 두 가지 자극이 있었다. 하나는 2011년 5월 5일 구로어린이큰잔치 행사에서 만난 전교조 서울지부장 이병우 선생님이 행사장을 다녀간 몇 시간 후에 쓰러져 아직까지 병상에서 일어나지 못한 일이다. 중환자실에서 일반 병실로 옮긴 후 찾아뵌 선생님은 안쓰러울 정도로 야위어 있었다.

또 다른 자극은 내가 맡은 업무에 대한 회의감이었다. 나는 올해 학교에서 부장을 맡아 방과후학교 업무를 하고 있다(그 외에도 맡은 업무들이 많으나 여기서는 가장 회의감이 드는 방과후학교 업무를 중심으로 이야기하려 한다). 3월에는 4월이 되면 조금 나아지겠지 싶었다. 그러나 4월에도 업무는 계속 밀려왔다. 4월에는 5월쯤 되면 안정이 되겠지 기대했다. 하지만 5월이 지나자 3개월 단위로 도는 방과후학교 사이클이 다시 시작되었다.

쓰러진 선배 교사의 모습과 끝이 없는 일 속에서 나를 보호하고 싶다는 충동이 일어났다. 이렇게 살면 안 되겠다 하는 불안감이 더해 가던 어느 날 우연히 걸어서 출근한다는 후배 교사를 만났는데 차가 막혀서 걷는 거나 타는 거나 시간은 똑같이 걸린다고 했다. '그래? 그럼 나도 걸어 볼까? 근데 어디서부터 걷지?' 그리하여 마을버스를 타다 시내버스로 갈아타는 코스를 버리고 새로운 코스를 시도하게 된 것이다.

이 모든 것이 남들이 보면 구질구질하고 어이없는 고민일 수도 있다. 눈 딱 감고 헬스를 끊어서 다니면 될 것 아니냐고 할 수도 있다. 그러나 학교 일이나 전교조 일을 마치고 집에 돌아오면 육아와 가사 노동으로 다시 출근해야 한다. 아이 숙제를 봐 주고, 간식을 먹이고(그나마 씻는 일은 저 혼자 하니 우리 딸 많이 컸다), 팔이 아프게 청소기를 돌리고 세탁기에 빨래를 넣는다. 늦게 오는 엄마를 대신하여 애를 봐 준 텔레비전, 컴퓨터와 아이를 이별하게 하고 아이가 잠이 들면 그때부터 본격적으로 가사 일을 시작한다.

지인이 최근에 로봇 청소기를 샀는데 너무 편하더란다. "지금부터 청소를 시작하겠습니다" 하면서 구석구석을 돌며 침대 밑 묵은 먼지까지 후련하게 청소한단다. 뒤에 걸레를 달아 주면 물걸레질까지 하는데 그렇게 대견할 수가 없단다. 일을 마치면 "청소를 마쳤습니다" 하면서 충전기로 쏘옥 들어가는 게 너무 신통하고 놀라워 한 번 더 청소를 시켰는데 군소리 한 번 없이 "청소를 시작하겠습니다" 하더란다. 몇 달에 걸쳐 내야 하는 카드 할부가 전혀 아깝지 않다며 나한테도 꼭 사라고 권한다. 독서와 운동은커녕 청소 하나라도 로봇이 대신 해 주면 뛸 듯이 행복할 것 같은 게 지금 내 일상이다.

교사들의 최고 기피 업무 '방과후학교'

교사와 주부라는 삶을 동시에 살면서 전교조 활동까지 했지만,

그렇게 살아가는 데 회의감은 없었다. 그래서 모든 초등 교사들이 절대 맡기 싫어하는 방과후학교 업무도 조금 불안하지만 용기 있게 맡았다. 처음에 일을 배우기는 힘들었지만 익숙해지면 괜찮겠지 하는 마음으로 도전했다. 그러나 그 도전은 무모한 것이었다.

방과후학교의 첫 번째 업무는 지난해 강좌에서 추가할 프로그램을 선정하고 강사를 모집하는 것이다. 코디맘*으로 일할 학부모 채용 공고도 같은 시기에 낸다. 그와 동시에 강의 시간에 맞게 강의실을 결정하고 수강료를 책정하며(요즘에는 교재비, 강사료, 운영비를 따로 책정하여 걷기 때문에 업무가 더 늘었다) 최종적으로 수강 신청 안내 가정통신을 만든다. 이렇게 2월부터 시작된 방과후학교 준비 업무는 3월 개학이 되면 수강 신청 단계로 접어든다.

이때부터는 코디맘 선생님과 내가 함께 움직인다. 아침에 수강 신청을 차곡차곡 받고 전화 상담을 해 놓은 것을 추려서 오후에 출근하는 코디맘 선생님에게 넘긴다. 코디맘 선생님은 수강 신청을 분류하고 전화 상담을 해 가며 며칠간 신청 업무에 올인한다. 그 후 수강 신청이 저조한 과목은 강사들에게 알려 폐강 여부를 결정하고, 신청이 너무 많은 강좌는 추첨할 준비를 한다. 신청한 학생들을 한데 모아 놓고 제비뽑기를 하여 수강생을 최종 결정한다. 어떤 학부모들은 "제비를 배정받지 못했다", "늦게 갔더니 '아쉽습니다'라고 적힌 제비밖에 안 남았다"며 항의를 한다. 그래

---

*방과후학교 업무를 보조하는 학부모를 일컬음. 비정규직으로 채용되어 방과후학교 업무 대부분을 맡아 한다.

도 그나마 담당 교사인 나에게는 아쉽다는 정도로 끝나지만 코디맘 선생님에게 온 항의 전화는 길어지기도 한다.

어떤 때는 담임교사가 신청서를 늦게 내 곤란한 경우도 생긴다. 단 며칠 만에 폐강 여부를 결정하고 수강생 추첨까지 해야 하는데, 신청이 마감된 후에 담임교사가 신청서를 가져오는 것이다. 그 아이만 불이익을 줄 수 없기에 신청서를 받을 수밖에 없는데, 그러다 보면 수강 인원이 넘쳐서 수강생 모두에게 피해가 갈 수 있다. 이럴 경우 전체 학생의 수강료를 낮추거나 무료 수강 인원을 잡아서 보완해야 하는데 우리는 후자를 택했다. 강사들의 입장에서 보면 인기 강좌임을 증명하는 셈이니 기분은 좋겠지만 수강료가 낮아지고 수업의 질이 떨어지기 때문에 이런 경우는 만들지 말아야 한다.

겨우겨우 수강 신청이 끝나면 이제 출석부 작성에 들어간다. 수강료 산정과 관련된 일이기에 방과후학교 업무 가운데 가장 신경 써서 해야 하는 업무다. 코디맘 선생님이 전적으로 맡아 하지만 강사들의 손을 빌리기도 한다. 제법 노련한 강사는 신청서를 가져가서 직접 출석부를 만들고 수강생들에게 환영의 메시지를 보내 첫 강의 시간과 장소를 친절하게 안내한다. 그러면 또 안내 문자를 받지 못한 학부모들은 왜 내 아이 강좌는 문자가 없냐며 수강 신청이 된 거냐고 확인 전화를 한다. 이러니 또 첫 강의 전에 꼭 학생들에게 시간과 장소를 알리는 문자를 보내 달라고 강사들에게 연락할 수밖에 없다.

딸아이 학교는 교과부 지정 창의경영학교(2011년까지 '사교육없는

학교'라고 불리던)인데 방과후학교 강좌 수가 보통 학교의 두세 배
는 된다. 수강 신청과 관련한 항의가 많아 아침 8시 20분부터 수강
신청을 선착순으로 받는데, 주산 암산, 과학 실험, 음악 줄넘기 같
은 인기 강좌를 들으려면 새벽 6시부터 줄을 서야 한다. 늦게 오는
사람들은 대기 번호를 받는다. 지난 2월에 있었던 1학기 수강 신
청 때는 학교 강당 앞에 돗자리를 깔고 모포와 커피로 무장한 학
부모들까지 등장했다. 출근하는 부모 대신 수강 신청을 하려고 파
주에서 전날 밤에 왔다는 할머니도 있었다. 부모가 줄을 못 서 주
는 학생들은 자신들이 직접 왔는데 내 앞에 있던 남매에게 물어보
니 아침밥도 못 먹고 나왔단다. 나는 출근 30분 전인 7시 30분에
나왔는데도 이미 내 앞에 200~300m 정도 줄이 있었다. 학교를 휘
감아 돌고 있는 이 줄의 정체는 도대체 무엇인가?

'원클릭'이 아니라 '백만클릭'이다

수강 신청이 있으면 수강 취소도 있는 법. 대부분의 취소 사유는
학원이나 다른 방과후활동 시간과 맞지 않기 때문이다. 두 번째는
아이가 강좌 듣기를 싫어하거나 건강상의 이유다. 취소자가 생기
면 두 가지 업무가 늘어난다. 수강료를 반환해 줄 결재를 올리고 급
여 산정에 반영해야 한다. 강사나 업무 담당자들(방과후학교 담당 교
사, 코디맘, 행정실 등)은 수강 취소가 생기지 않기를 바랄 뿐이다. 강
의가 시작되면 한시름 놓는다. 그러나 민원은 끊이질 않는다. "우리

애가 수업에 잘 갔나요?" "강의실이 어디예요?" "선배들이 폭력을
써서 취소할래요." 여기에 덧붙여 학교의 다른 일정들과 방과후학
교 강의가 겹치는 일도 생기는데, 학생들은 강의를 빠진다고 좋아
하지만 학부모들은 본전 생각에 불만이 생기기 마련이다.

　방과후학교는 보통 세 달씩 묶어서 한 기수가 되는데 다음 해 2월
까지 총 네 분기로 나눠서 운영한다. 지난 3월부터 시작한 1기는
5월 말로 끝이 났다. 1기가 끝나 갈 무렵에 자유수강자 명단과 함
께 예산이 내려왔다. '자유수강'이란 저소득층 가정에 방과후학교
수강료를 1년에 48만 원 지원해 주는 선택적 교육 복지 프로그램
의 하나이다. 이를 위해서 학부모들은 '교육비 통합 지원 신청' 일
명 '원클릭'을 신청해야 한다. 그러면 교사나 복지사는 데이터를
입력, 수정, 관리해야 한다. 가족의 이름과 주민등록번호, 주소, 연
락처, 이메일, 쓰고 있는 통신사, 통보 방식 등 입력해야 할 내용이
20여 가지가 넘는다. 지난 2월에 원클릭 담당자 연수를 갔는데 연
수를 맡은 교육청 장학사가 곤욕을 치렀다.

　"우리 학교는 특성화고등학교라 전교생이 급식 지원을 받기 때
문에 전교생을 다 입력해야 한다. 우리 학교 같은 곳은 입력을 면
제해 달라." "강남이나 목동과 같이 잘사는 동네 학교는 원클릭 업
무량이 적겠지만 우리 지역은 3~4백 명이 신청한다. 정작 신청해
야 할 기초수급자 학생은 서류를 안 가져와서 가져오라고 해야 하
고, 그나마 가져온 것도 글씨를 알아볼 수가 없어 일일이 전화를
해야 한다. 이게 원클릭이냐? 그냥 수급자 증명서 가져오라고 하

는 게 낫다." "왜 학비, 급식비, 방과후학교 수업료, 통신비를 주기 위해 교사들이 이 많은 입력 업무를 해야 하는가? 개발 업체는 그만 말하고 교과부 직원 있으면 나와서 이야기 좀 해 봐라." "입력을 할 때 엔터만 누르면 다른 창으로 넘어가게 해야지 계속 마우스로 클릭을 하게 해 놨다. 원클릭이 아니라 백만클릭이다."

이쯤 되니 서울특별시교육연수원 대강당은 교과부와 원클릭 업무를 비난하는 성토대회가 되었다. 한 선생님은 꼭 이야기를 하고 가야겠다며 마이크를 잡았다.

"지난해 원클릭 업무 담당 부장이었는데 실무를 맡은 후배 교사가 과로사했다. 그 바쁜 3월에 수업 준비할 시간도 모자라는데 몇백 장 되는 정보를 기간 내에 다 입력하려다 보니 과로할 수밖에 없었다. 아직도 그이한테 그 업무를 맡긴 것이 미안하고 후회된다."

울먹이는 선배 교사의 모습에서 故 안혜영 선생님이 생각났다. 그녀는 방과후학교 업무 다음으로 교사들이 기피한다는 네이스 업무를 맡았다고 한다. 갓 발령받은 교사에게 이 업무를 맡기다니……. 해당 학교와 동료 교사들의 잘못도 있겠으나 근본적으로는 원클릭이나 네이스 같은 전산 업무를 왜 교사가 해야 하는가라는 질문이 던져져야 한다.

수강료 빚쟁이가 되다

교과부로부터 어떤 학생이 자유수강자라고 통보를 받으면 코디맘 선생님과 1백여 명에 달하는 학생들에게 일일이 연락해서 어떤 강좌를 듣는지, 수강료를 돌려받을지를 물어봐야 한다. 6월에 시작한 2기부턴 수강 신청서 자체에 자유수강권 사용 여부를 체크하는 항목이 들어가서 이 업무 하나는 줄었지만, 수강료 반환 문제로 학기가 시작한 지 3개월이 지나도록 야근을 해야만 했다. 학생이 수강료를 돌려받겠다고 하면 반환해 주어야 할 금액을 산정하여 행정실로 넘겨야 한다. 그러면 행정실은 이 파일을 가지고 끙끙대며 하나하나 금액을 맞춰 보고 반환을 해 줘야 한다. 내가 결재를 하나 올리면 행정실은 두 배, 세 배의 결재를 또 올려야 한단다.

올해는 새로 원클릭 대상자가 된 학생이 많은 터라 학생 수도 많고, 반환해야 할 금액도 정확히 계산해야 하다 보니 반환 날짜가 늦어졌다. 학부모들의 전화가 빗발쳤다. 왜 수강료를 안 돌려줘서 계속 전화를 하게 만드냐는 것이다. 이쯤 되면 행정실 직원과 나는 빚쟁이가 된 느낌이다. 내가 돈을 일부러 안 주는 것도 아니고, 이 일 때문에 내일 수업 준비도 못 하고 야근까지 하고 있는데 이런 항의 전화까지 받아야 하는 것인가? 당장 때려치우고 싶은 마음이 굴뚝같이 들었다. 그러나 내가 이 업무를 그만두면 또 다른 교사에게 폭탄 돌리기가 될 것이다. 물론 교사가 이 업무를 하지 않을 수도 있다. 그렇게 되면 학교 예산으로 비정규직을 더 뽑거나 수강료가 10% 인상될 거다. 내년에는 그렇게 해서라도 절대로 교사가 이 업무를 맡지 않게 해야겠다는 결의가 생긴다. 화창한 봄날을 나는 왜 이렇게 보내고 있나? 걸어서 학교에 온다는 후배 교사의 말에 지체

없이 나도 해 봐야겠다는 생각이 든 것이 이때다. 나는 왜 학교에 가는가? 가르치러? 돈을 돌려주러?

방과후학교 업무는 여기서 그치지 않는다. 한 기수가 끝나 갈 즈음에는 만족도 조사와 공개 수업도 해야 한다. 전교생 수보다 많은 방과후학교 수강생들의 설문지를 모두 모아서 분석하고 피드백하고 학교운영위원회에 보고해야 한다. 구체적인 업무는 코디맘 선생님과 강사들이 하지만 담당 교사가 이 모든 것을 총괄해야 한다. 다달이 강사료도 늦지 않게 지급해야 한다. 조금만 늦으면 강사료는 언제 입금되느냐는 이야기를 들어야 한다.

빨간 날과 재량 휴업일만 빼고 연중무휴 운영되는 방과후학교가 올해부터는 토요 휴업일에도 운영되고 있다. 관공서도 교육청도 다 쉬는데 학생과 교사는 토요 휴업일에도 학교에 나와야 한다. 토요일도 없이 돌아가는 학교의 쳇바퀴. 도대체 대한민국 방과후학교는 누구의 머리에서 나온 발상일까?

비정규직 여성 노동자에 떠맡겨진 돌봄

딸아이도 방과후학교에서 수업을 듣는다. 지난해는 방과후문예교실(돌봄 교실의 변형인데 교실이 모자라 도서관 귀퉁이에서 운영됐다), 컴퓨터, 클레이아트, 플루트, 종이접기를 했고 올해는 플루트, 로봇, 미술을 한다. 아이가 자유 시간을 달라고 하여 화요일에는 강의를 듣지 않는다. 방과후학교가 끝나면 구로구민체육센터에서

운영하는 수영과 방송 댄스 수업을 격일로 가고 매일 피아노도 배우러 간다. 아이는 안전하기 위해, 또 무언가를 배우기 위해 끊임없이 학교와 동네를 떠돌면서 방과 후를 보내야 한다. 방학이 되어도 마찬가지다. 이 아이들이 진정 행복할까?

3, 4학년 아이의 학교 수업이 끝나는 시간은 대략 오후 2시인데, 맞벌이 부모들은 자신들이 퇴근하기 전까지 어떻게든 그 시간을 케어해 주고 싶은 것이다. 1, 2학년 학부모들은 그 시간이 더 앞당겨져서 1시부터 무엇으로 그 시간을 메워 줄까를 고민한다. 이 학부모들의 마음을 사로잡아 운영되는 것이 대한민국 방과후학교이다. 사교육보다 저렴하고 학교 안이라 안전하며, 교과 교육이 아닌 다양한 특기 적성 교육으로 아이들의 방과 후를 책임지겠다는 '꿈의 배움터'. 이 '꿈의 배움터'가 이제 중학교로까지 번져서 공부 못하는 학생들을 붙잡아 두는 공간이 되었다.

일과 가정을 모두 책임져야 하는 여성들이 늘어나면서 학교의 방과후교육과 돌봄 업무는 점점 더 확대되고 있다. 아침밥, 저녁밥을 못 먹는 학생들을 위해 조리실과 침대까지 갖춘 돌봄 교실은 여느 평범한 가정집의 축소판이다. 변형 근로로 밤샘 일을 해야 하는 가정을 위해 24시간 보육 기간이 늘어나는 것과 같이 학교의 돌봄 교실 운영 시간도 이제 밤 9시까지 연장할 수 있다. 일-가정 양립이라는 허울 좋은 정책을 위해 여성들이 종사하는 사회적 돌봄이 급격히 늘어나고 있는 것이다. 그러나 학교의 돌봄 기능이 커지는 것에 비례해 여성들의 삶이 정말 나아지고 있는지는 의문이다. 가정에서 벗어난 여성들은 이제 저임금 비정규직 돌봄 노동, 감정 노동을 하기 위해 정작 자신의 아이는 어딘가에 맡겨야만 한다. 다시 말해 돌봄 교실 강사도 자기 아이의 방과 후를 어딘가에는 맡기고 와야 한다는 것이다. 실제로 초등학교의 비정규직 돌봄 교사는 100% 여성이다. 이상한 일이다.

여성의 일과 가정생활을 양립할 수 있게 만들어 주겠다고 노무현 정부 때 더욱 확대된 방과후학교 정책은 그 전에는 특기 적성, 방과후활동 등으로 불렸다. 그러다 이명박 정부가 들어선 뒤로 방과후학교 수강률이 학교별 성과급의 중요 지표가 되면서, 교사들이 수업을 얼마나 잘하고 학교가 얼마나 민주적으로 운영되느냐보다 방과 후에 학생들이 얼마나 많이 학교에 남아 있는가가 성과 좋은 학교의 모델이 돼 버렸다. 사회가 함께 책임져야 할 돌봄을 학교에 오롯이 던져 놓고는 학교 본연의 가르침과 배움보다 방과후학교를 잘해야 몇십만 원의 성과급을 받을 수 있게 하고 있는 것이다. 공교육의 모순이 한두 가지가 아니겠지만 이런 말도 안 되는 정책을 학교는, 교사는 계속 감내하고 있다.

교사는 가르치고 사회는 돌보는 즐거운 상상

지금 나와 코디맘 선생님, 행정실 직원이 하고 있는 방과후학교 업무를 사회로 이양하고 학교는 장소만 제공하는 방과후센터를 만들면 몇 명의 일자리가 생길까? 몇 개의 초등학교를 네트워크로 만들어서 해야 하므로 센터장과 센터 공간 관리자도 필요할 거고, 각 학교에 파견할 기획자, 운영자도 필요할 것이다. 방과후센터는 각 학교를 총괄하고 파견자들은 운영 실태를 관리·감독하면서 지원한다. 수강료는 스쿨뱅킹이 아니라 가상 계좌로 학부모가 직접 넣는다. 모든 자리는 반드시 정규직이어야 한다. 학교에서 커버하지 못하는 프로그램은 방과후센터에서 직접 하고 셔틀버스를 운행한다. 운전기사도 모두 정규직으로 뽑는다……

동료 교사와 급식을 함께 먹으면서 이런 즐거운 상상을 주고받은 적이 있다. 상상만으로도 정말 행복했다. 그러나 현실은 수업을 끝내고 부랴부랴 점심을 먹고 난 뒤 내일 수업을 준비하지 못한 채 또 컴퓨터 앞에 앉아 전화질을 하고 계산기를 두드려야 하는 데 머물러 있다. 교사의 방과 후는 왜 지원해 주지 않는가? 교사가 오로지 가르치는 일에만 전념할 수 있는 꿈의 학교는 대한민국에 존재할 수 없는 것인가?

| 2012년 7·8월, 《오늘의 교육》 9호 |

강아지똥 초등 교사

여성주의에 관심 많은 40대 중반의 교사입니다. 착한 소비를 추구하며, 요즘에는 텃밭을 가꾸며 교육 농과 마을에도 관심이 많습니다. 생전 처음 방과후학교를 담당하면서 봄을 잃어버리며 살았던 경험을 글로 써 보았습니다.

끊임없이
'달리다'

집중이수제가 휩쓸고 간 지난 학기 수업 풍경

정의진 전남 여수여중 교사

지금은 '교육혁명'의 시대

방학 중이던 7월 말 목포로 출장을 갔다. 교과부에서 9월 초에 인성 교육 주간을 기획하면서 각 학교에 국어, 도덕, 사회 인성 교육 교재를 보급하기 위해 프로젝트형 인성 교육 연수를 실시했기 때문이다. 형식적인 연수라는 생각이 들어서 별 기대는 없었다. 그래도 뜻밖의 출장 덕분에 오랜만에 목포의 한 고등학교에서 근무하는 후배를 만나 이런저런 이야기를 나눌 수 있었다. 후배는 집중이수제*에 따라 학생들에게 역사를 한 학기 동안 주 5시간씩 다른 교사와 나누어 가르쳤단다. 그런데 결국 다른 한 명은 선사시대부터 고려시대 후반까지, 자기는 개항부터 일제 강점기까지밖에 진도를 못 나가서, 조선시대와 현대사 부분은 전혀 가르치지 못했단다. "아무리 열심히 진도를 나가려고 해도 속도가 안 나는 거야. 이렇게 진도를 빨리 빼니 애들이 알아먹을 수 있어야 말이지. 나만 떠드는 거야. 결국 진도도 다 못 나갔어. 그래서 애들한테 수능에서 한국사 말고 다른 과목을 선택하라고 했어." 참 씁쓸했다.

최근에 교육과정이 얼마나 자주 개정되었는지 이제는 교사들도 헷갈린다. 교육과정 개정 횟수만 보면 가히 '교육혁명'의 시대다. 작년은 그 절정을 보여 주는 한 해였다. 중3(현 고1)은 2007 교육과정, 중2(현 중3)는 2007 개정 교육과정, 중1(현 중2)은 2009 개정 교육과정을 각각 따로 적용받았던 것이다(이 부분은 읽다가 숨 한번 쉬어 줘야 한다). 우리 학년실 선생님들은 교육과정이 또 바뀐 줄도 모르고 교과서를 왜 또 가져다주느냐며 어리둥절해하기도 했다. '교사는 손때가 묻을 정도로 교육과정을 봐야 한다'고 생각하는 관리자들의 지론에 따르면, 내가 있는 곳은 정말 '무능한' 교사들만 있는 곳이다. 그

---

*2009 개정 교육과정에 따라 2011년부터 시작된 집중이수제는 한 학기 혹은 1년 동안 몇몇 과목을 몰아서 이수하도록 한 제도이다. 본래는 한 학기에 배우는 과목 수를 줄임으로써 학생들의 학습 부담을 경감시키려는 취지에서 도입됐으나, 짧은 기간 안에 과중한 교과 내용을 학습해야 하다 보니 여러 가지 폐단이 나타났다. 특히 소위 주요 과목이 아닌 사회, 도덕, 예체능 등의 과목을 한 학기에 몰아서 가르치도록 하는 등의 문제가 많이 발생했다.

러나 교사들이 교육과정의 변화에 무관심한 이유는 수식어의 차이만 생길 뿐 의미 있는 변화가 없어서일 것이다.

이렇게 교육과정이 자주 바뀌는 탓에 사소한 사건(?)이 발생하기도 했다. 작년엔 학년 말에 생활기록부를 정리하던 중에 담임 선생님들로부터 문의가 들어왔다. 네이스 오류 때문에 아무리 해도 계발 활동 입력이 안 된다는 것이었다. 나중에 알고 보니 학년마다 적용되는 교육과정이 달라서 1학년은 '동아리 활동'으로, 2·3학년은 '계발 활동'으로 입력해야 하는데, 1학년 학생의 동아리 활동을 계발 활동 메뉴에 입력하려고 하니 안 되는 게 당연했다. "아우, 그걸 깜박하고 주말 내내 또 네이스에 오류 난 줄 알고 일도 못 하고 기다렸어."**

이 같은 '교육혁명'의 시대에 집중이수제가 실질적으로 힘을 잃게 됐다. 체육, 미술, 음악을 집중이수 대상 과목에서 제외한 것이다. 시행 1년 반 만이다. 당장 2학기부터 예체능 과목은 집중이수제를 적용하지 않아도 된단다. 그러나 그게 가능할까. 다른 과목들의 상황을 보면 그게 그리 간단치 않다는 걸 알 수 있다. 중1 때부터 집중이수제 대상자였던 우리 학교 현재 중2 학생들의 경우, 올해 도덕과 기술·가정을 3학년 과정까지 모두 이수하고 있다. 도

** 교사라면 네이스 때문에 고생한 경험이 한 번쯤은 있을 것이다. 차세대 네이스는 잦은 오류 때문에 가끔 업무 마비를 일으키기도 한다. 나도 작년 3월 말까지 도교육청 네이스 담당 부서에 도움을 청하려고 수차례 전화를 해도 종일 불통이었던 경험이 많다. 제때 일도 못 하고 마음만 졸이다가 결국 교육청 직원들이 퇴근하는 오후 6시 1분이 딱 되어서야 극적으로 통화가 되기도 했다. 어렵게 통화가 되더라도 오류 복구 중이니 기다려 달라는 대답을 듣는 게 다반사였다. 참 '스마트'한 세상에 살고 있다.

덕은 1, 2, 3반을 대상으로 한 학기 동안 2, 3학년 교과서를 다 끝냈고, 2학기에는 4, 5, 6반이 2, 3학년 교과서를 배운다. 이미 집중이수제 적용을 받았다면 당장 집중이수제를 그만둔다는 게 전혀 가능하지 않다는 말이다. 이미 '집중'해 버렸기 때문이다.

"왜 매시간 나라가 망해요?"

내가 지금 중2 학생들에게 가르치는 과목은 '역사'다. 국사와 세계사란 과목 이름에 익숙한 대부분의 사람들에게는 아직 낯선 이름이다. 역사 과목은 2007 개정 교육과정에서 사회과 안에서 따로 한 과목으로 독립하면서 한국사와 세계사가 하나의 교과서 안에 합쳐져 새로 탄생한 것이다. '획일적인 역사 해석'을 제시하는 국정 교과서의 한계점을 해결하기 위해 검정 교과서로 만들어졌고, 대부분 교과서 분량은 330쪽 정도로 거의 비슷하다. 물론 인류의 탄생부터 시작해 16, 17세기까지의 한국사와 세계사를 다루는 게 쉬운 일은 아니었지만, 작년 중2는 집중이수제 대상자가 아니라서 주당 3시간씩 1년 동안 가르치니 어떻게든 해 볼 수는 있었다.

그러나 올해는 사정이 달라졌다. 집중이수제가 적용돼 한 학기 안에 역사를 다 뗄 수 있도록 시수 조정을 하니 수업 시간이 한 학기 동안 주당 5시간밖에 안 됐다. 작년에 비해 약 34시간이 줄어들었다. 게다가 상황을 더욱 심각하게 만드는 일이 생겼다. 여수세계박람회라는 국제적 행사에 협조하는 차원에서 학생들의 방학을 평소보다 빨리 시작한다는 것이었다. 다른 지역에 비해 무려 2주나 빨리 방학을 해야 했다. 그것까지 고려하니 시수는 약 44시간 정도 줄어들었다. 마음이 점점 초조해졌다.

정 진도를 다 나가기 힘들다면 몇 부분을 빼면 될 게 아니냐고 생각할 수 있다. 그런데 그럴 수가 없다. 현재의 교육과정이 그대로 적용된다면 이 아이들은 세계사를 중학교 때 처음이자 마지막으로 배우게 되고, 한국사도 고1 때 한 번 더 배우긴 하지만 집중 이수제가 적용된다면 전체를 다 배우지 못할 것이다.

그리고 역사 과목의 특성상 몇 개 주제만 다루기도 애매했다. 시간의 흐름과 맥락이 중요한 역사에서 통사를 다루지 않을 수 없다. 그래서 어찌 됐든 교과서를 전체적으로 다뤄 줘야겠다고 마음을 먹고 산술적으로 계산해 보니 한 차시당 교과서 4쪽을 나가야 했다. 그러나 말이 쉬워 4쪽이지 교과서에서 주제 하나가 일반적으로 3쪽 정도의 분량인데, 이건 주제 하나를 다루기도, 그렇다고 두 개를 다루기도 어려운 애매한 분량이었다. 더구나 교과서는 분량의 한계 때문에 아이들의 입장에서 보면 설명이 자세히 나와 있지 않다. 나 혼자서 쭉 설명만 한다면 진도야 다 나가겠지만 아이들은 못 알아먹지 않겠는가. 어떻게 해야 할지 몰라 갈팡질팡 불안해하면서 한 학기를 시작했다. 에라, 모르겠다. 그저 최대한 빨리 진로를 나가야겠다는 생각뿐이었다.

첫 시간부터 조바심을 내며 수업에 속도를 내니 아이들도 어찌어찌 따라오는 것처럼 느껴졌다. 가야 할 길이 멀다고 생각하니 여유가 없었다. 그런데 어느 날 수업을 하다가 아이들을 보지 않고 컴퓨터 화면과 교과서만 쳐다보고 있는 나를 발견했다. 숨도 한번 못 쉬게 수업 시간을 꽉꽉 채울수록 아이들은 점점 시들어 갔다. 개학하고 2주가 지나니 벌써 삼국시대 중반이 끝났고 교과서로 치면 50쪽 정도를 배웠다. 단순 암기의 절정을 이루는 삼국시대에서는 아이들에게 '듣보잡'일 뿐인 수많은 왕들이 등장하는데, 역시 아이들 표정을 보니 심상치 않다. '이 사람들이 뭘 했는지 알 게 뭐야. 이놈이 저놈 같고, 저놈이 이놈 같다'는 표정이다.

그렇게 달리다가 문득 도저히 이대로는 안 되겠다는 생각이 들었다. 그래서 수업 계획에도 없던 활동 시간을 줬다. 자유롭게 질문할 수 있는 시간을 주었더니 아이들이 궁금해하는 게 너무 많았다. 삼국 통일을 배울 시기인데 아직도 고조선이 망하지 않고 존재하는 줄 아는 녀석도 있었다. 도대체 난 누구를 데리고 수업을 했단 말인가. 아이들 입장에서 보면 오늘은 석기시대였는데, 내일은 청동기와 고조선시대이고, 모레는 초기 철기시대, 그 다음 날은 삼국시대이니 헷갈릴 만도 하다. 한국사가 중국사인 줄 아는 녀석도 종종 있다. "샘! 왜 헷갈리게 중국 사람들은 우리나라 사람들이랑 이름이 비슷해요?" 중국사 수업 때는 오늘은 수나라, 내일은 당나라, 모레는 송나라 이렇게 진도를 나가니 아이들이 묻는다. "왜 매 시간마다 나라가 망해요?" 많은 사람들이 우리 학교교육이 단순 암기 반복 학습이라고 비판하지만, 과연 우리는 아이들에게 배운 내용을 반복할 기회라도 충분히 주고 있기나 한 걸까.

더구나 '정식으로' 교과서에서 다루지 않지만 교과서 내용 이해를 돕기 위해 가르쳐야 할 내용도 많다. 옛날 연월일을 표기하는 60갑자라든지, 세기와 서기 및 단기, 시대 구분법 등과 같은 것들이다. 교과서는 어른의 입장에서는 잘 정리된 것이지만 아이들의 입장에서는 뜬금없고 관련 없어 보이는 내용투성이다.

　　한번은 페르시아 역사를 가르치는데 "페르시아는 현재 이란의 역사야"라며 신 나게 아라비안나이트 이야기도 풀어내고 페르시안 고양이, 영화 〈300〉, 마라톤 전투 등 별별 이야기를 다 꺼냈는데 이 녀석들 표정이 복잡하다. 혹시나 싶어서 "이란이 어디에 있는지 알지?" 해도 대답이 신통치 않다. 헉, 진도가 급한데 가슴이 덜컥 한다. 이럴 땐 모른 척 눈 질끈 감고 달려야 하건만 그럴 수가 없다. 결국 다음 시간에 세계지도 백지도 40장을 복사해서 나눠 주며 색연필을 들고 동북아시아를 칠해 보라고 하니, 거짓말 안 보태고 마흔 명 중 한 명만 겨우 더듬거리며 위치를 맞게 찾고 있다. 공부 좀 한다는 녀석도 "아, 우리나라가 동남아시아 국가 아니었어요?" 한다. 이런 녀석들에게 교과서는 아케메네스 왕조 페르시아가 그리스-페르시아 전쟁을 치렀느니, 페르시아가 알렉산드로스 대왕에게 멸망당했느니 하는 내용들을 정말 무미건조하게 가르친다. 이렇게 하나하나 부족한 부분을 짚다 보면 수업 시간이 정말 부족하다. 정말 우리 애들만 이렇게 공부를 못하는 걸까? 아닐 것이다. 아마 대부분의 교실 속 아이들이 알아듣지 못할 설명을 꾸역꾸역 삼키고 있을 것이다.

무엇을 다루지 못하게 되는가

작년에 남편이 근무한 고등학교의 사정은 더 안 좋았다. 고1이 배우는 '한국사'는 원래 2007 개정 교육과정 당시 '역사'로 등장했던 과목이었다. 그러니까 중2부터 고1까지 '역사'라는 통일된 이름으로 공부를 하면서 나름 역사의 연속선상을 고려하여, 중학교 단계에서는 전근대를, 고등학교에서는 근대 이후를 배우도록 구성했던 것이다.

그런데 그 고1 '역사'가 난도질을 당했다. 국민 공통 기본 교육과정이 적용되던 고1도 2009 개정 교육과정에 의해 느닷없이 전 과목이 선택 교육과정으로 바뀌게 된 것이다. 이 과정에서 '역사'는 '한국사'로 이름이 바뀌었고, 한국사 역시 선택 과목이 됐다(논란이 일자 2012년 다시 필수 과목이 됐다). 중학교에서는 전근대를, 고등학교에서는 근대 이후의 역사를 가르치려 했던 계획도 자연히 깨졌다. 게다가 수능에서도 선택 과목이다 보니 학생들이 한국사를 제대로 배울 기회가 없다는 여론이 일자, 교과부는 간단히 '중학교 때 전근대사를 배워도 기억 못 한다. 고등학교 때 다시 한 번 통사로 다뤄야 한다'고 결론지었다. 그러나 이미 교과서는 집필을 마친 상태였다. 그러자 교과부는 집필을 마친 교과서에 전근대 부분만 추가하라고 간편하게 안내하였다. 이렇게 하여 결국 내용 요소가 너무 많아지다 보니 아무리 열심히 가르쳐도 교과서의 뒷부분인 근현대사의 대부분을 다룰 수가 없게 되었다.

수업 시간에 근현대사를 제대로 다루지 못하는 것은 왜 문제일까. 다들 2008년에 있었던 금성출판사의 한국 근현대사 교과서 사건을 기억하고 있을 것이다. 교과부는 뉴라이트 단체에서 요구하는 대로 교과서 수정 명령을 내렸고, 소송을 시작한 저자들은 지금까지도 대법원 판결을 기다리고 있다. 근현대사는 단순히 과거의 사실 문제로 끝날 수 없는 현재의 역사인 것이다. 그만큼 우리의 현실과 맞닿아 있는 부분이 근현대사다. 물론 내년부터 집중이수제를 사실상 포기한다면 고1 한국사 수업은 좀 더 나아질지도 모르겠지만, 그래도 근현대사에 할애되는 시간은 적어질 것이다.

다룰 내용에 대한 선택과 집중이 불가능한 이유는 또 있다. 평가의 문제다. 정말 백번 양보해서 교사의 재량으로 교육과정 재구성이 가능하다는 말을 믿어 보자. 그래서 교과서의 몇 가지 주제만 선택하여 집중이수제를 어떻게든 해결해 보기로 마음먹어 보자. 그러나 나 같은 경우는 고입 선발 고사가, 고등학교 같은 경우는 수능이라는 장애물이 남아 있다. 다양한 모습의 교실 수업을 고려하지 않은 막강한 권력의 '평가'가 존재하면서 교사의 재량을 운운하는 것은 자기 분열에 가깝다. 아무리 내신 비중이 강화되고 있다고 해도 말이다.

아이들은 내 수업을 계속 견딜 수 있을까

여름방학이 끝났다. 여수세계박람회 때문에 방학을 일찍 하느라 아직 끝내지 못한 1학기 수업을 2주 동안 진행하고 있다. 교과부에서 교재까지 만들어 배포하며 시행하라는 인성 교육 주간을 어떻게 운영할지도 잘 모르겠다.

내년 중3은 원래 과학도 집중이수 대상이었다. 그런데 내가 근무하는 지역은 고입 선발 고사 때문에 3학년들은 2학기 기말고사를 11월 초에 마무리한다. 그렇다면 2학기에 과학을 듣게 되는 아이들의 학습의 질은 어떻게 될 뻔했던 걸까. 생각만 해도 정말 끔찍한 일이다.

집중이수제를 이런 식으로 무늬만 따라 한다고 해서 될 일이었을까. 적어도 개별 과목의 내용 요소를 고려하면서 교육과정을 전체적으로 조율하는 작업이 필요했다. 외국의 것이라면 그대로 따라 하고 보는 빈곤한 교육철학도 이와 같은 최악의 상황을 만드는 데 한몫했다고 생각한다.

그러나 집중이수제가 실질적으로 힘을 잃은 지금도 여전히 몇 가지 문제가 남는다. 집중이수제가 교실 속 문제를 가속화시키긴 했지만 학교교육 문제의 핵심은 아니었다. 아이들이 아무리 공부를 하고 싶어도 지금의 역사 과목은 너무 낯설고 어렵다. 한 지면에서 풀어내는 내용도 너무 많고, 교과서는 여전히 어렵다. 교과서를 만들 때 저자의 의지보다는 출판사에서 이미 정해 놓은 프레임이 더 크게 영향을 끼치고, 많은 내용을 제한된 지면에 풀어 놓아야 하기 때문이다. 지금 대부분의 아이들은 역사 교과서의 한 줄도 혼자 힘으로 읽고 이해하지 못한다. "교과서에 나오는 단어도 어렵고 설명도 너무 간단해서 이해를 못 하겠어요." "내용이 서로 연결이 안 되고 따로 놀아요." 여전히 역사 교과서는 아이들에게 전혀 친절하지 않다.

심지어 문제집도 어렵다. 수많은 검정 교과서의 내용을 모두 담으니 너무 어려운 것이다. 아이들은 "선생님, 문제집을 못 풀겠어요"라며 난색을 표한다. 문제집이 아닌 교과서를 보고 공부를 할 수밖에 없으니 다행이라고 생각해야 하는 건지 나도 잘 모르겠다.

이 글을 쓰며 한 학기 동안의 수업을 돌이켜 보니, 매 시간마다 한두 자리씩 의자가 비어 있던 것이 떠올랐다. "보건실에 누워 있다." "아파서 조퇴했다." "담임 선생님과 상담 중이다." 그때마다 그저 빠진 아이들을 체크하며 오늘 나가야 할 진도 생각에 여유가 없었던 내 모습이 기억난다. 불행하게도 집중이수제가 완전히 폐지된다 하더라도 이 모든 교실 속 모순이 완전히 없어지지는 않을 것 같다. 다시 약간 속도를 늦출 수 있게 될 뿐. 언제까지 아이들이 내 수업을 견뎌 줄 수 있을까.

| 2012년 9·10월, 《오늘의 교육》 10호 |

정의진 전남 여수여중 교사
애증 관계의 아이들과 함께 역사를 배우고 있습니다. 아이들에게 개그하는 것이 낙인데, 요즘 날이 갈수록 학교 일에 불평불만이 많아지고 서툴러지는 중입니다.

6학년,
어찌하나요?

'전국학업성취도평가 3연패 교육감 기념비'가 의미하는 것

김종욱 초등 교사

    30학급 규모의 초등학교에서 3년 동안 근무했습니다. 지방이 다 그런지는 모르겠지만, 제가 근무한 곳은 6학년 학업성취도평가가 가장 중요한 관심사입니다.

    "이번에 성취도평가 3연패해서 교육감 기념비 만든대."

    전국학업성취도평가에서 전국 1위를 두 번 연속으로 한 뒤 선생님들 사이에서 떠돌던 이야기입니다. 교육감 책상엔 학교별 등수가 나와 있고, 성적이 나쁜 학교 교장은 인사 때 시골 학교로 좌천

된다는 이야기도 있습니다. 그러니 학교장들은 6학년 성적에 온 힘을 다 기울입니다. 장학사들 또한 학교를 돌며 학교에서 어떻게 준비를 하고 있는지 확인하고 독려합니다. 과목별 요점 정리집을 만들고, 문제집을 만들어 학교로 보내 주며 풀 것을 강요하기도 하지요.

그러다 보니 선생님들은 6학년 맡는 것을 꺼립니다. 결국 새로 전 근 온 선생님들이나 발령 난 지 얼마 되지 않은 젊은 선생님들이 보통 6학년을 맡습니다. 그런 탓에 피해의식이 아주 큽니다. 대신 에 6학년을 맡으면 업무도 주지 않습니다. 특별한 배려(?)입니다. 그리고 보이지 않는 강요가 시작됩니다. 반끼리 비교하며 경쟁을 부추깁니다. 가령, "어제 6학년 ○반 선생님은 아이들을 밤 10시까 지 남겨 지도하시데요. 열의가 대단하지 않습니까?" 같은. 결국 그 말 한마디로 나머지 선생님들도 아이들을 남겨 지도하게 됩니다. 다달이 보는 시험은 반별 평균을 내 결재를 올리니 이 또한 경쟁 을 부추깁니다. "○반 선생님은 가르치는 특별한 비법을 가지고 있는 것 같아. 다른 반보다 평균 10점이 높으니 말이야." 그러다 보 니 선생님들은 좋은 자료가 있어도 나누려 하지 않습니다. 자기도 모르게 그런 맘이 든다고 합니다. 겉으로는 함께하는 것처럼 보이 지만, 속으로는 다른 반보다 높은 점수를 내기 위해 발버둥을 치 고 있는 것이죠. 3월, 새학기가 시작되면 선생님들은 같은 처지를 공감하며 서로를 이해하려고 노력하지만, 시간이 갈수록 자신들 도 모르게 서로를 경계하고 마음의 문을 닫고 맙니다.

선생님들도 아이들도 한 학기만 참으면 된다는 생각을 합니다. 밤 10시까지 남겨 공부를 시킵니다. 한번은 6학년 선생님들과 함께 이야기 나눌 자리가 있었습니다. 6학년 선생님들은 속에 있는 이야기를 꺼내 놓았습니다.

"아이들은 친정어머니에게 맡겼어요."

"아이들을 10시까지 지도해도 수당이 없어요. 수당도 받지 못하며 아이들을 지도하고, 내 돈으로 아이들 저녁까지 사 먹이기도 해요."

"집에 가는 길이 위험한 아이들은 차로 데려다 줘야 해요."

"몸이 아파 약을 달고 살아요."

……

아이들을 남겨 지도하더라도 5시면 5시, 6시면 6시 시간을 정해 놓고 아이들을 남기도록 6학년 선생님들끼리 약속을 정하라고 했어요. 그러겠다고 했는데, 얼마 뒤 보니 여전히 10시까지 불이 켜져 있습니다. 다시 6학년 선생님들을 찾았어요. 왜 남기느냐고 했더니, 교장 선생님이 퇴근하지 않고 6학년 교실을 돌며 무언의 강요를 한다네요. 얼마 뒤, 제가 6학년 선생님을 만나 나눈 이야기를 교장 선생님도 아시곤 저를 불러 꾸짖듯 말을 합니다.

"선생님이 뭔데 자발적으로 아이들을 남겨 지도하는 선생님들에게 그걸 못 하게 해요. 선생님들이 열정을 갖고 아이들을 지도하는데, 그러면 안 되죠. 도와주지는 못할지언정……. 부진한 아이들을 지금 지도하지 않으면 중학교 가서도 부진아가 될 텐데, 선생

6학년, 어쩌라고?

141

님이 책임질 거예요? 아이들에게 지금이 가장 중요한 시기예요."

한마디 대꾸도 하지 않았어요. 싸우기도 싫고 이길 자신도 없었어요.

6학년 선생님들도 지금의 문제는 시간이 가면 해결된다고 생각해요.

"한 학기만 참으면 돼요. 괜한 싸움으로 더 힘들어지기도 싫어요. 어차피 한두 달 남았으니까 지금까지 고생한 것도 있고. 그러니 끼어들지 말아요. 이렇게 고생했는데, 또 6학년 주진 않겠죠."

그럼, 다른 선생님들은 어떠냐. 자기랑 상관없는 문제니까 관심을 가지지 않죠. 6학년은 6학년만의 문제니까요. 단지 마음으로 안됐다고 생각하는 정도지요.

그렇게 한 학기가 지나고 전국학업성취도평가 날입니다. 교육청에선 아이들이 시험을 볼 때 질문을 하면 친절하게 알려 주라고 합니다. 친절?! 그 뜻을 아는 사람들은 잘 알지요. 교실마다 담임교사와 함께 보조 교사가 시험 감독으로 들어갑니다. 보조 교사는 시험 감독 대신 부진한 아이 옆에 붙어 서서 문제에 대해 '친절'하게 설명을 해 줍니다. 답을 알려 주진 않겠지만, 답을 잘 찾을 수 있도록 아주 친절하게 설명하겠죠. 제가 어릴 때도 이와 비슷한 시험을 본 기억이 납니다. 그땐 장학사가 시험 감독으로 왔어요. 담임 선생님은 보조 시험 감독을 했고요. 시험을 보는데, 담임 선생님이 종이 한 장을 손에 들고 뒷짐을 지고 제 앞에 서 있었습니다. 무언가 보니 종이에 적힌 것은 시험문제 답이었어요. 장학사가 시험 감독을 해도 그러는데, 그 학교 선생님들이 감독하는 시험은 어떻겠어요. 그리고 그 점수를 비교해 학교별 성과급을 주고, 교장 인사에 반영한다니 더 꼼꼼하게 대책을 준비하지 않겠어요?

이렇게 해서도 학업성취도평가에서 전국 1위를 하는 것은 힘든 일입니다. 그러니 한 번 더 꼼꼼하게 체크해야겠죠. 시험이 끝난 뒤 6학년 선생님들만 모여 시험지를 확인합니다. 그 안에서 어떤 일이 일어나는지는 아무도 모르죠. 설령 알아도 아는 척을 하면 안 돼요. 한 학기 동안 아이들과 정말 열심히 시험을 준비했으니까요. 그것이 허사가 되면 안 되잖아요.

그렇게 하고 나니 200명 넘는 아이들 가운데 부진아가 한 아이도 없어요. 아니, 한 과목도 없어요. 5학년 때 아이들을 맡았던 선생님들 또한 놀랍니다. 5학년 때 그렇게 애써 가르쳐도 안 되던 아이들이 6학년 때 몇 개월 공부해 부진을 면했으니 얼마나 놀라겠어요. 그렇게 해서 학교는 우수한 성적을 냈고, 지역 또한 전국 1위를 했다네요. 곧 전국학업성취도평가 3연패 교육감 기념비가 세워지겠죠. 교장도 얼굴이 환해집니다. 우리 학교가 몇 등을 했다며 자랑스러워합니다. 참 부끄러운 일인데요. 그렇게 양심을 속인 죄, 아이들을 속인 죄, 그것을 모르는 척하는 죄로 선생님들은 아무도 시험 이야기는 하지 않습니다.

방학입니다. 아무튼 시험은 끝났습니다. 교육청에선 성적이 우수한 학교 6학년 선생님들을 제주도로 여행 보내 줍니다. 그리고 아이들은 죽을 고비를 넘어 졸업을 합니다. 시험을 끝내고 한 아이가 쓴 일기입니다.

하루하루가 꼭 지옥 같았다. 이젠 보고 싶지 않은 시험지. 이 시험 때문에 몇백 장이나 되는 시험지를 풀었다. 시험지를 푼 만큼, 노력한 만큼 좋은 결과가 나오면 좋겠다. 하루하루 지날 때마다 시험 기간이라는 감옥에서 빠져나오는 듯한 느낌을 받을 수 있었다. 이젠 풀려나왔다. 하지만 얼마 있지 않아 또 들어간다는 걸 알 수 있다. 그래도 지금 이 시간만큼은 자유의 몸이 되고 싶다. 한 마리 새처럼. 넓은 하늘처럼.

이런 마음은 아이들만이 아닌 선생님들 또한 같습니다. 모두를 죽이는 교육입니다. 교육은 아이들을 잘 살게 가르치는 일입니다. 하지만, 다시 선생님들과 아이들은 또다시 시험의 굴레 안으로 들어가야 합니다. 봄이 옵니다. 봄방학, 또 일 년만 참으면 되는 일을 6학년이 될 아이들은 벌써 시작합니다. 봄방학 보충수업! 끔직한 봄입니다.

| 2012년 3·4월, 《오늘의 교육》 7호 |

김종욱 초등 교사
아이들과 이야기로, 연극으로 놀며 공부하고 있어요. 요즘은 전교조 참교육노래 〈미운 오리〉를 즐겨 듣고요, 《어린 왕자》를 연극으로 만들고 있어요. 설렘이 많은 하루하루를 살고 싶어요.

300명의
완득이를 생각하며
울다

'꼴통'을 지우는 자율형 공립고

김수현 경기 광명 광휘고 교사

쪽팔린 얘기는 하나라도 숨기고 싶고, 숨기고픈 진실을 읽게 되면 불편함을 느끼는 게 사람 마음이다. 그럼에도 불구하고 그런 것을 적으려 한다. 왜냐하면 그 꼴을 지켜보고 있는 나도 공모자이기 때문이다. 나를 '이기적'이라 욕한다면, 기분이 좋진 않겠지만 그래도 괜찮다. 받아들이고 반성하겠다. 이 글은 순전히 나를 위한 고해이니 부디 자비심을 가져 주길 바랄 뿐이다.

"충현고에서 근무하고 있어요"라고 말하면 다들 "힘든 학교 계시

네요"라고 한다. 비평준화 지역인 광명시의 기피 학교인데다 특성
화고에 진학하지 못했거나 바로 옆에 붙은 안양시에서 갈 수 있는
학교가 없는 학생들이 오기 때문에 그런 것 같은데, 애들 때문에
힘들지는 않다.

　이 학교로 온 건 순전히 내 '순진' 덕이다. 광명시로 내신을 내자
교감 선생님께서는 오랜 교육 경력에서 오는 혜안으로 충현고로
발령 날 것이 뻔하니 고맙게도 당신의 친구가 교감으로 있는 모
고교에 나를 추천해 주마 하셨다. 이미 두 분이서 말이 다 되었다
며 잠시 들러 서류만 내라고 하셨다. 그런데 막상 서류를 내러 가
자 그분은 내가 전교조 조합원이라는 점이 껄끄럽다는 식으로 읍
소하셨고 '왜, 전교조를 추천한 거냐'는 표정을 연신 지었다. 측
은지심이 발동한 나는 두 분의 소중한 우정을 지켜 주어야겠다고
결심했다. 어쨌거나 그렇게 충현고에 왔다. 설렘이 힘들어 한 번
도 짝사랑을 해 보지 않은 내게도 짝사랑이 온다. 많은 이들이 힘
들다고 하는 녀석들에게 묘하게도 매력을 느끼더니 파견 근무 때
문에 학교를 비웠던 작년에도 끊임없이 생각났다. 농담처럼 말하
는 진심인데, 학교라도 그만둬야 녀석들을 끊을 수 있을 것 같다.

　그런데 잠시 휴직을 하고 일 년 만에 돌아온 학교는 순식간에 변
심한 남자처럼 참 많이도 변했다. '자율형 공립고'라는 문패만은
아니다. 자율형 공립고로 입학한 1, 2학년 학생들의 입학 점수는
수직 상승했고 '수월성 교육'이란 미명 아래 단 12명만을 위한 특
별반을 운영하고 있었다. 다들 희망을 품고 '충현스러움'을 지우기

에 바빴지만 그런 희망에 시큰둥한 건 나를 비롯한 몇몇뿐이었다. 한때 급훈이었던 '자율'이라는 단어가 이렇게도 부패할 수 있다니 세상일은 모를 일투성이고, 하루하루를 잘 살아 내기가 참 어렵다.

나를 '진짜 선생'으로 살게 해 주는 '충현스러움'

공립학교에 무슨 정체성이 있겠느냐마는 '충현스러움'은 있다. 비속하고 정답고 하찮고 애잔하고 주접스럽고 답답하고 세련되지 못하고 감정적이고 우악스럽고 그런 거다. 대부분은 무지에서 오는 희극인데 가끔 지인들에게 '충현스러움'을 이야기하면 그냥 '빵' 터진다. 심지어 〈조영남, 최유라의 지금은 라디오 시대〉에 사연을 보내면 기 장원 정도는 문제없을 것이라며 내심 나를 부추긴다. 더 말해 보라고. 그래서 말한다.

충현스러움 1 – 인중사中 논쟁

2010년 10월 경기도 학생인권조례 제정으로 각 학교들은 교칙 개정에 나섰다. 우리 학교도 예외는 아니어서 늘 그렇듯 갑자기 방송으로 학생회를 소집하고 회의를 진행했다. 관심이 있어 담당 교사와 함께 참관하고 있는데 예상대로 두발 길이에 대한 논쟁이 치열했다. 뒷머리 길이는 깃에 닿는 정도까지만 허용하되 학생다움을 고려해 앞머리 길이는 규정을 정하자는 것이었다. 계파가 갈렸다. 이른바 '자유파'와 '인중파'. 자유파는 앞머리 길이에 제한을 두지 말자는 것이고 인중파는 앞머리를 '인중'까지만 기르자는 것이다. 그런데 나는 자유파와 인중파의 차이가 머릿속에 쉬 그려지지 않았다. 비슷한 길이인 것 같은데 왜 저렇게 논쟁을 하나 싶었다. 더 이상한 건 인중파의 구성원이었다. 평소 학생다움에 갇혀 지나치게 순종적인 학생들이었는데 '멋'에 눈을 떴는지 인중을 강조했다. 듣는 나도 '맞다. 인중을 넘으면 머리카락이 입에 들어갈 수 있으니까 비위생적이지'라고 생각했는데 인중파의 손짓이 이상했다. 자꾸만 의견을 말하면서 눈썹 쪽을 가리키는 것이 아닌가. 아뿔싸. 미간眉間을 말하고 있었던 것이다. 결국 인중파가 승리했고, 모두 진지하게 결의했다. 앞머리는 '인중'까지로!

충현스러움 2 – 충현식 '배움의 공동체'

충현고에서는 내용의 난이도가 아니라 교과서의 단어 뜻을 몰라 수업을 진행하기가 어렵다. 이를테면 '북한식 언어 표현은 미사여구가 많다'라는 교과서 문장 자체를 이해하지 못하는 것이다. 고심 끝에 적절하다 싶은 예를 들었다.

"미사여구란, '김태희'에 대해 말할 때 '김태희는 눈부시게 아름다워 마치 선녀가 하늘에서 내려온 것 같다'라고 하는 거야"라고 했는데 학생들은 이해하지 못하는 듯했다. 더 좋은 예가 떠오르지 않아 난감해하고 있던 그때였다. "야! 똥꼬 빤다구! 북한에서는 말할 때마다 똥꼬를 빤다고!" 한 녀석의 외침에 그제야 알겠다는 표정으로 진작 이렇게 설명해 주지 그랬냐며 나를 구박한다.

충현식 배움의 공동체. 자기들의 언어로 동료의 배움을 이끈다.

충현스러움 3 – 고려시대 노비의 수학여행

  담임을 하면서 몇 가지라도 더 배우고 하교하길 바라는 마음에 종례 때마다 바로 전 시간 수업 내용을 물어보곤 했다. 우리 반 아이들은 '고려시대에 노비가 주인에게 쌀을 주고 수학여행을 가는 내용'을 배웠다고 했다. 웬 고려시대에 수학여행? 그것도 노비가? 아무래도 이상해서 재차 물으니 답답해하며 '선생님은 옛날 사람이라 다 까먹었다'는 핀잔만 돌아왔다. 교무실에서 담당 국사 선생님께 자초지종을 물으니 대뜸 실소가 터지고야 만다. '조선시대에는 양인이 쌀 수확량의 반을 주인에게 내야 했다'는 내용이 '고려시대에 노비가 주인에게 쌀을 주고 수학여행을 간다'로 전달되다니. 그 후 국사 선생님은 본인이 말하는 내용을 칠판에 또박또박 적으신다.

  일동 앉아! 하면 '2동'에 사는 녀석들은 서 있고, 금일 단수는 '금요일 단수'로 안다. 이렇게 심각한 무지 속에서도 그렇게 단순하기만 한 건 아니다. 루이 16세의 폭정과 시민혁명은 '16살밖에 안 먹은 싸가지 없는 왕 새끼가 국민들한테 양아치 짓을 하다 사형당해도 싼 사건'이 되고 이걸 또 '전두환 대통령'과 연결시키는 동서양을 아우르는 역사의식을 보여 주기도 한다. 때론 선생인 내게 이것저것 묻기도 하는데 그때마다 내가 '진짜 선생'처럼 느껴진다.

알바하는 곳 사장이 돈을 안 주는데 어찌해야 할지, 8월이 정년 퇴임인 모 선생님이 목걸이를 빼앗아 가서 2월 졸업할 때 준다는데 어찌해야 할지, 학생은 왜 전교조에 가입할 수 없는지, 실수로 부순 친구의 안경을 왜 새 것으로 물어 줘야 하는지……. 인터넷에서 검색하면 금방 나올 법한 단순 지식부터 생활의 뻔뻔함까지 선생이랍시고 물어 주니 티는 안 내지만 녀석들이 사랑스러울 수밖에. 여러 해 녀석들과 있다 보니(원래 그럴 공산이 크지만) 내 안의 '충현스러움'을 보곤 한다. 엔엘^{NL}과 피디^{PD}에 대한 지인의 열변을 딴짓 끝에 만화 《드래곤 볼》의 '에네르기파'로 들어 화를 북돋질 않나('애늙은이'로 들은 적도 있다), 녹색당 당원님들께는 미안하지만 '탈핵'을 들을 때마다 '치핵'이나 '탈항'이 떠올라 혼자 웃는 나? '충현스러움'의 결정체다!

나는 충현고에서 어느 교육학자들로부터도 건질 수 없었던 '나를 선생으로 살게 하는 힘'을 얻는다.

보이지 않는 존재, 들리지 않는 삶

2010년 비평준화 지역 광명시 기피 학교

중학교 내신 평균 100점대

안양, 의왕, 과천시에서 100명 이상 진학. 그래도 미달

2011년 자율형 공립고 및 예술 중점교 1년 차, 특목고처럼 우선 선발

중학교 내신 평균 120점대, 정원 초과

2012년 자율형 공립고 및 예술 중점교 2년 차, 특목고처럼 우선 선발

중학교 내신 평균 140점대, 전교 1등 193점, 정원 150명 초과

최근 3년간의 충현고 입시 결과이다. 아마도 중학교에서 근무해 본 교사들은 내신 100점의 의미를 잘 알 거다.[*] '충현스러움'도 이해가 갈 테고. 올해 3학년이 된 녀석들은 충현고에서 언제나 '용서 받지 못한 자'였다. 역사가 그렇다. 입학 직후 자율형 공립고로 지정되었으니 녀석들에 대한 차별과 배제는 이미 예정된 거였다. 자퇴, 전학, 가출 등 다양한 이유로 2학기가 되기 전 3학급 정도의 재적을 가뿐히 줄여 놓아도 가슴 아파하는 이는 별로 없다. 오히려 녀석들이 신속하게 사라져 주는 반은 부러움의 대상이 된다. 무단 지각이나 흡연자는 '담임 손'에 이끌려 '해결사 학생부'로 넘겨져 징계 또는 자퇴 권고를 받고, 끈기는 없고 독기만 있는 녀석들이 스스로 떨어져 나간다. 결과적으로 순치된 녀석들만 남고, 녀석들의 부모는 생업에 바쁘다. 교사들이 학생 때문에 힘들 이유가 없다.

저희가 2학년 때 1학년이 새롭게 들어왔잖아요. 교복도 바뀌고요. 새로운 교복 사서 입으라고는 하는데 현실적으로 돈 아깝게 어떻게 사

[*] 중학교 내신은 200점 만점이다. 학교에 그냥 왔다갔다만 해도 120점은 나오기 때문에, 100점 정도로 떨어지려면 무단 결석이나 봉사 활동 시간 부족으로 감점을 받아야 한다. 말이 쉬워 '하위 10%'지, 결코 쉽지 않은 점수다.

요? 올해는 체육대회도 1, 2학년만 하고 3학년은 그날 체험학습 가요.
체육대회를 같이 안 하는 학교가 어딨어요? 3학년은 돈이 지원되지 않
는 거 저희도 알아요. 그래서 '너희를 그렇게 대우할 수밖에 없다' 그
렇게 치면 할 말은 없어요. 그래도 같은 학교에 같은 학생인데……. 그
런 게 인권인 거죠.

— B, 3학년 남학생

그냥 공부하는 애들은 좀 덜한데 원래 농악이랑 뮤지컬하는 3학년은
예술 중점교가 된 다음에 들어온 1, 2학년하고 선생님들 대우가 완전
히 달라요. 강사 선생님들은 안 그러신데 선생님들은 그래요. 작년 저
희가 2학년 때 공연을 했는데 1학년 중심으로 했어요. 보통 2, 3학년
중심으로 공연하고 1학년은 도와주고 그러잖아요. 우리는 완전히 없
는 존재였어요. 그래서 저도 그렇고 다른 애들도 거의 다 진로 바꿨어
요. 저 이제 뮤지컬 안 해요. 요즘 열공하는 이유가 그래서예요.

— C, 3학년 여학생

선생님, 3학년은 동아리 활동도 따로 하는 거 아시죠? 교육과정 때문
이라는데 그래도 작년에는 잠깐이라도 1, 2학년을 만나서 같이 했어
요. 지금은 완전히 갈라서 1, 2학년끼리만 동아리 하잖아요. 우리는 선
배도 아닌 건지. 선생님들은 우리를 '꼴통'이라고 불러요. 우리 중에도
잘하는 애들은 잘하고 못하는 애들은 못하는 거구. 또 꼴통도 변할 수
있는 거구. 꼴통에 기준은 없는 거잖아요. 3학년은 교복도 다르고 선

생님들이 자꾸 '꼴통'이라고 부르시니까 1, 2학년들이 3학년을 깔보는 경향이 있어요. 제가 3학년이고, 학생회잖아요. 야자 끝나고 집에 가고 있는데 멀리서 '반딧불이'가 보이는 거예요. 그거 담배거든요. 가서 보니까 1학년이에요. 그래서 학교 주변에선 피지 말라고 이야기를 했어요. 그러면 '예' 하고 끄고 가면 되지, 말대꾸도 많고 짜증 나요. 저번에는 1학년인가 2학년들이 교문 앞까지 오토바이 타고 떼로 오고 그랬잖아요. 그러면서 아주 골아요. 지들은 나쁜 짓 다 하면서 선생님들한테 뭐라고 하는지 알아요? "3학년 누나랑 형들이 무서워요. 위협적이에요." 그러면 선생님들은 우리만 잡고요. 겨울에 추워지면 외투 입잖아요. 근데 1, 2학년이 3학년이 무섭고 스타일이 위압감이 느껴진다고 그래서 우리는 검은색만 입어요. 지네들은 노랑, 파랑, 빨강 아무거나 입고요. 저는 그래도 선생님들이 나쁘다고 생각은 안 해요. 1, 2학년이 들어오면서 자율형 공립고다, 예술 중점 학교다 뭐 그런 거 하니까 거기에 맞추면서 그렇게 된 거죠. 저희가 1학년일 땐 다 같이 미달이고, 다 똑같았는데 이제 3학년은 꼴통 충현 마지막이고, 걔네는 시작이고 그러니까 선생님들은 그럴 수밖에 없을 거예요.

— H. 3학년 남학생

체육대회도 그렇고, 축제도 3학년은 참여 안 해요. 작년까지는 그래도 축제를 앞당겨서라도 했는데 올해는 아예 배제시켰어요. 이유는 수능 시험 준비 때문이라고 말하지만 저는 그런 거 같지가 않아요. 같이 하고 싶어 하지 않는 거죠. 교장의 의지니까 교육과정에 반영이 되겠죠.

이렇게 3학년이 배제된 것에 대해 다른 선생님들은 별로 신경 쓰질 않아요. 이런 문제에 대해 모르는 사람도 있고, 관심이 없어서 그렇기도 하고, 3학년 교무실이 워낙 혼자 떨어져 있어서 학사 일정에 대해 이야기하지 못해서 그렇기도 하고요. 3학년 밴드반 동아리도 사라졌어요. 3학년 애들이 저한테 와서 서러워하면서 '우리는 축제 때 공연 못해요'라고 물어요. 1, 2학년이 따로 활동하게 되면서 3학년은 3학년 수업만 들어가는 선생님이 지도교사를 해 줘야 하는데 외부 연습실까지 가야 하니까 지도할 교사가 아무도 없어서 못 구했어요. 게다가 축제도 참여 안 하니까 애들한테 무의미해져 버린 거죠.

— A. 충현고 교사

녀석들의 절망을 보면서 '자율형 공립고 신입생을 위한 교복 변경 안'은, 지율스님께서 수준을 높여 놓아 엄두가 안 나는 '단식투쟁' 대신 '과식투정'을 해서라도 저지했어야 하나 싶었다. 몇몇 교사들이 교복 변경의 부당성을 이야기하고, 바꾸게 된다면 신입생에게 6개월간 사복을 입히고 하복부터 입혀 소외감을 최소화하자고 하였지만 '새 술은 새 포대'에 담자고 했다. 중학생들이 멋진 교복이 있는 학교를 선호하는 것은 당연지사고, 찌질한 선배들과 구별되고 싶은 학부모나 신입생의 요구는 이해하고도 남는다. 교복으로 서열이 매겨지는 비평준화 지역 광명시의 정서가 그렇다. 그래도 교사들이 동조해선 안 되는 거였는데 꽤나 적극적이었다는 사실에 지금도 부아가 치민다.

교사들에게 충현고는 일반계고이면서도 강제 야간 자율학습이나 강제 보충수업이 없고, 중학교보다 수업 시수는 적어서 편할 만큼 편한 학교였다. 같은 학교에 다니면서도 학생들처럼 손가락질 받지도 않았다. 가슴에 손을 얹고 이제 그만 솔직했으면 좋겠는데, 함께 반성했으면 좋겠는데 녀석들을 지워 버린다. 가장 황당한 것은 마치 큰 시혜라도 베푸는 양 2, 3학년도 새 디자인의 교복을 살 수 있게 해 준다는 거였다. 새 교복 구입을 원할 시 일부 금액을 지원한다는 것도 아니고 허락해 준다.

올 3월 첫 교무회의 때 교장 선생님은 "3학년은 버리고 가는 거고, 1학년 140점대, 2학년 120대에 적절한 수업을 준비하라"고 하셨다. 4월 1차 지필 평가('1학기 중간고사'가 이렇게 바뀌었다) 출제를 위한 교무회의에서 교감 선생님은 "이전과 다르게 조심해야 한다", "예민한 우리 1, 2학년 애들이 항의하지 않도록 철저히 대비하길 바란다"며 "그동안 틀려도 대충 넘어간 게 많은데 그런 일은 이제 있을 수 없다"고 강조하셨다. 예전에는 기간제 교사를 채용할 때도 "수업은 대충해도 된다. 어차피 못 알아듣는다"고 하더니만.

"저는 그래도 선생님들이 나쁘다고 생각은 안 해요. 선생님들은 그럴 수밖에 없을 거예요." H의 말을 들으면서 울컥했다. 귀찮은 강아지처럼 구는 게, 학교 어디에서도 존재감이 없는 주제에 되레 교사들을 챙긴다. 누구를 좋아한다는 게 상대의 입장에서 생각하는 거라면 녀석들은 이렇게도 우리를 좋아하는데 우리는 녀석들을 '꼴통'이라 부른다.

충현에 다닌다는 죄, 공부 못하는 죄

노골적인 문장으로 내가 몸담고 있는 학교가 곪았다고, 나도 일조했다고 자인하기가 쉬운 일은 아니다. 그럼에도 이렇게 쓰는 이유는 교사로서 나는 이 꼴을 방관하면서 역설적인 삶을 유지해 왔기 때문이다. 녀석들의 마음에 생채기를 내면서.

이 글을 쓰게 된 것도 작은 설문 조사 결과 때문이었다. 얼마 전 파견 근무를 했던 경기도교육연구원에서 학교평가를 대신하기 위한 '경기형 행복지수 지표'를 개발한다고 연락이 왔다. 학생들이 '행복할 때'와 '불행할 때'가 언제인지 묻는 내용이었는데, 60명의 설문 결과가 필요하다고 해서 수업하고 있는 두 개 학년을 설문하였다. 3학년은 '1, 2학년과 차별이 느껴질 때', '선생님들이 대놓고 차별할 때', '급식이 맛없을 때', 1학년은 '3학년 선배들 때문에 학교가 욕먹을 때', '담배 냄새가 심하게 날 때', '급식이 맛없을 때' 불행하다고 했다. 항상 무기력해서 겉으로 드러나지 않았던 3학년의 불행이 보였다.

비평준화 지역 광명시에서 '충현에 다닌다는 죄'로 구박받고, 학교 안에서는 '공부 못하는 죄'로 무시당한다. 이런 '구별 짓기'를 우리는 교육이라 칭한다.

비평준화 지역의 학생들은 으레 교복으로 인성까지 평가받는다. '공부 못함'은 찬양할 만한 것은 못 되지만 그렇다고 개인의 잘못은 아니다. 문제는 학교에서 공부 못하는 아이들의 마음을 서글프게 만든다는 점이다. 비교육적인 교육정책으로 한 줌밖에 안 되는 상위권 학생에게는 특권의식을, 나머지 학생에게는 열패감을 내면화시킨다. 평준화 지역은 다양성 및 경쟁력 강화를 명분 삼아 희한한 유형의 특별 학교를 만들어 비평준화를 코스프레한다. '자율형 공·사립고가 되어 예산이 많이 들어오니 기존에 있던 일반고 애들한테도 좋아지는 거 아니냐'는 말은 '탁월한 천재 1명이 만 명을 먹여 살릴 수 있다'는 이건희 삼성 회장의 생각과 끝이 닿아 있다. 교사로서 교육을 통해 탁월한 1명을 키운다지만 열패감에 휩싸인 무기력한 9,999명을 길러 내는 것에 불과하다.

마몬과 하느님을 동시에 섬길 수 없다

《완득이》를 읽으면 뭐 저렇게 고된 환경이 다 있나 싶어 마음이 복잡해진다. 그런데 사람들은 소설 속 완득이에게는 연민을 느끼지만 현실 속 충현고 녀석들에게는 그렇지 않은 것 같다. '녀석들'은 비평준화로, 자율형 공립고 전환으로 두 번 치였는데도 그냥 사라지기를 기다릴 뿐이다.

"예루살렘보다 분당에 교회가 더 많은 거 아세요?" 분당에 사는 한 선생님의 이야기다. 설마 싶지만 경험적 검증이 있었으니 아주 틀린 말은 아닌 것 같다. 요즘은 교회 운영 면에서 신도의 수는 그다지 중요하지 않다고 한다. 은행과 극장이 대중 창구를 줄이고 VIP 창구를 늘리는 것을 보면 이 말도 맞는 것 같다. 안정적인 중

산층 이상의 신도들이 많아야 마케팅에 도움이 된다는 의미일 텐데 '천당 밑 분당'은 최적의 입지일 것이다.

학교도 마찬가지다. 오욕의 세월을 지나 명문으로 빠르게 진입하는 방법은 다음과 같다. ①타이틀(자율형 공·사립고, 특목고 등)을 바꿔 예산을 쏟아 붓는다. 그러면 외형은 변했으되 체질을 그대로인, 뭔가 있어 보이는 학교가 된다. ②입시 경쟁에서 이기고 싶은 학부모와 학생들은 이 학교를 선택한다. Tip) 여기에 우선 선발을 하면 전략적으로 아주 훌륭하다.

충현고가 자율형 공립고로 지정된 순간부터 '충현스러움 지우기'를 한 것은 자연스러운 수순이었다. 매년 미달 학교였던 이미지로 신입생을 선발하는 건 마케팅 전략으로 봐도 손해기 때문이다. 영양가 있는 중상위권 학생들의 요구에 부응하지 않으면 입시 패러다임 안에서는 생존할 수 없으니까.

'마몬'과 '하느님'을 동시에 섬길 수 없듯 '교육'과 '입시 경쟁'은 동시에 목표할 수 없다. 마몬의 가르침을 체화하면서 점잖게 신자유주의적인 가치관을 담아낼 뿐이다. 광명시는 내년 평준화 지역으로 전환할 예정이지만 자율형 공립고는 유지되며, 충현고는 홀로 우선 선발권을 가지게 된다. 그러면 신입생의 입학 점수는 더욱 높아지면서 특권의식을 공고화하게 될 것이다.

"땡동!"

치킨 배달원이 왔다. 고장 난 센서 때문에 어둑한 복도에서 치킨을 받았다. 배달원은 그 와중에 나를 한눈에 알아보며 반갑게 인사한다.

"혹시 충현고 도덕 선생님 아니세요? 안녕하세요."

"어, 그래(사실 나는 누군지 못 알아봤다). 졸업했니?"

"아뇨. 자퇴했어요."

"복학은 안 하고?"

"복학하려고 했는데 학교도 옛날 충현이 아니고 그래서 그냥……."

"응, 그렇구나. 내가 닭 자주 시켜 먹으면 너한테 도움이 될까?"

"그렇지는 않을걸요. 저 갈게요. 배달이 밀렸어요."

"어……. 조심히 가라. 헬멧은 꼭 쓰고."

어색하게 헤어진다. 사람이라는 게 좀 비관적인 데가 있어야 어려운 상황에 처해도 낙관적일 수 있다지만 '너무'는 안 된다. 충현고가 동문회를 하면 광명시민은 피자, 치킨, 중국요리를 시켜 먹을 수 없다는 우스갯소리가 떠오른다. 한 치 앞 내 미래도 모르겠지만 녀석들의 미래는 꽤나 고단할 것 같다. 치킨이 쓰다.

| 2012년 5·6월, 《오늘의 교육》 8호 |

김수현 경기 광명 광휘고 교사

'권리'에 대한 관심이 학생인권 문제로까지 이어져 인권 관련 일에 여기저기 기웃거리다 스스로 공부가 부족한 것을 깨닫고 현재 성공회대에서 공부하고 있는 평범한 선생입니다.

누구를
위한
학교인가?

'등교 체크 기계' 설치와 대자보 소동

고민경 중등 교사

시작은 상벌점제였다.

교장은 발령 첫해부터 상벌점제 운영을 통한 강력한 생활지도를
하고 싶어 했다. 울산에서는 이 무렵 상벌점제 운영에 대한 교육
청 차원의 연수가 이루어질 만큼 상벌점제가 시범학교를 중심으
로 빠르게 확산되는 분위기였다. 게다가 우리 학교는 '전교조 교사
가 많아 복장 지도가 느슨하며 아이들을 꽉 잡지 않는다'라고 소

문이 난, 인근 아파트 주민들로부터 찍힌 학교다.

교장은 시범 운영 사례를 보고 효과적인 상벌점제 운영을 위해서는 '등교 체크 기계'*가 필요하다고 생각한 것 같다. 매년 북구청에서 주관하는 학교 지원 사업에 응모하여 예산을 확보했다. 여기엔 우리 학교 학생들의 복장과 생활지도에 무척이나 관심이 많은 학교운영위원회 학부모위원들이 함께 힘을 보탰다고 한다.

5월경 이에 대한 설문 조사를 실시했는데 학생, 교사 모두 반대 의견이 압도적으로 많았고 결국 이 일은 백지화되었다.

그런데 11월경 이 문제가 다시 수면 위로 떠올랐다.

학교운영위원회에서 공식 안건도 아닌 '기타 토의'로 학교장이 제안하여 절차도 무시된 채, 논의 과정 한번 없이 통과되었다. 학교장과 일부 학부모들의 공모 결과였다. 물론 그들에게도 나름의 절박함과 진정성은 있었을 것이다. 하지만 우리 학교 모든 교사와 학생들의 삶에 직접 영향을 끼칠 이런 사안을 학교 구성원들의 의견을 무시한 채 강행하는 것을 도저히 두고 볼 수가 없었다.

긴급 전교조 분회총회를 열었다. 그리고 우리는 대자보를 썼다. 대자보의 주요 내용은 "등교 체크 기계는 인권침해 소지가 있다./ 학생, 교사들 대부분이 반대 의사를 갖고 있는데 이를 학운위에서

----

*학생들이 등교 시 학생증을 찍으면 학부모의 휴대폰으로 등교 시각 문자 메시지가 가는 시스템. 매일 자신의 벌점도 확인 가능하다.

통과시킨 것은 잘못이다./ 지금이라도 북구청과 협의해서 이 예산을 다른 곳에 쓰자"는 것이었다.

대자보를 아이들이 잘 볼 수 있도록 매점 앞, 현관, 급식소 입구 등 10여 군데에 붙였다. 그중 일부를 '학교장이 손수 찢었다'고 하는 학생들의 제보가 있어 박진수 선생님[**]과 함께 교장실에 찾아갔다.

우리 왜 찢었느냐?

교장 학교 내에 붙이는 모든 부착물은 학교장의 허락을 받아야 한다.

우리 만약 허락을 받으러 왔으면 해 줬겠느냐? 왜 꼭 허락을 받아야 하느냐?

교장 학교 내의 시설물이 훼손될 수도 있다. (……) 대학교 운동권 학생들도 아니고 보기에도 그렇고. (……) 건의 사항이 있으면 학교 홈페이지에 하면 된다.

우리 우리 학교 홈페이지를 누가 보느냐?

교장 ……

대략 이런 대화가 오고 갔고 당연히 고성이 나왔다.

며칠 뒤엔 학부모들이 찾아왔다. 나와 박진수 선생님에게 소리를 지르고 명예훼손으로 고발하겠다고 했다. 그동안 본인들이 학

[**] 가명. 2011~2012년 우리 학교 교원위원. 대자보를 비롯한 이 싸움을 주도했던 주인공이다.

교를 위해 노력한 것이 이런 식으로 매도되는 것을 참을 수 없다고 했다.

우리 둘은 무척 바빠졌다. 전교조 울산지부에 도움을 요청하고 수시로 분회총회를 열어 진행 상황을 알리고 북구청장 면담을 신청하고 학부모위원들과 친분이 있는 당시 민주노동당 시의원, 구의원과의 대화를 통해 학교의 실상을 알리기도 했다.***

다음 날 아침, 대자보 옆에 댓글이 붙었다.

'누구를 위한 학교인가?'라는 제목이 붙은 익명의 학생 글이었다. 등교 체크 기계를 중학교 다닐 때 학원에서 실제 경험해 보니 아무 쓸모 없더라, 차라리 그 예산을 학생 복지를 위해 써 달라, 그리고 이러한 것들이 결정되는 과정에서 왜 학생들의 의견을 묻지 않는가 등의 내용이 논리 정연하게 적혀 있었다.

이 글 역시 누군가가 뜯어내고 말았지만 나로서는 큰 충격이었다. 우리 학교에도 '학생회'가 있긴 했지만 학생회 간부들은 자신들의 역할을 '학생들의 의견을 수렴하고 대변하기'보다 '무지몽매한 학생들을 계몽시켜 우리 학교에 대한 부정적인 인식을 바꾸는 것'이라 굳게 믿고 있었다. 학생생활규정을 수정하기 위한 회의에 참가

*** 우리 학교는 울산 북구에 위치하고 있어 정치적으로 '구 민주노동당'을 지지하는 학부모들이 많으며 '등교 체크 기계' 설치를 주장하는 학부모위원들 중 다수가 민주노동당 시의원, 구의원과 친분이 있었다.

163

하면서 학생 다수의 여론을 무시하는 학생회 간부들과 나는 종종 부딪힐 수밖에 없었다. 등교 체크 기계 설치를 반대하는 우리의 싸움에도 학생회 간부들은 적대적이었다.

그렇게 침묵하는 다수와 그들을 무시하는 '학생회'만 존재했던 우리 학교에서 학생들의 목소리가 터져 나오기 시작한 것이다. 또 어떤 학생은 교장실 문 앞에 자신의 주장을 써 붙이기도 했다. 한미 FTA가 통과되는 과정과 등교 체크 기계를 도입하는 과정을 비교해서 쓴 이 학생의 글을 나는 직접 보지는 못했지만 글을 무척 잘 쓴 모양이었다. 교장은 그 글을 학생이 아닌 교사가 썼을 거라 여겨 무척 화를 냈다. 이 글을 보자마자 찢어 버리고 갈겨쓴 쪽지를 교장실 문에 붙여 놨다. "할 말이 있으면 직접 와서 말하라."

뒤늦게 알고 보니 이 글을 쓴 학생은 우리 학교 1학년 여학생이었다. 교장의 대응을 보고 너무 놀라 담임에게 이 사실을 털어놓았다고 한다. 학교에서 가장 어른(?)이라는 분의 이 같은 행동이 그 학생의 눈엔 어떻게 비쳤을까. 물론 이 학생이 누구인지 나는 알지 못한다. 처음 댓글을 쓴 학생, 그리고 1학년 여학생이 누구인지 밝혀졌을 때 이 아이들이 불이익을 당할까 염려되어 애초에 알려고 노력조차 하지 않았다.

3학년 학생 중 한 명은 학교에 대한 불만과 건의 사항을 쓴 글을 보여 주며 이 글을 붙여도 될지 나에게 상담하러 오기도 했다. 내용은 등교 체크 기계 설치와 상관없는 것이었지만 결론은 학교가 학생들의 의사를 무시하고 일방적으로 무엇인가를 추진한다는 것이었다.

교실은 학생들의 목소리로 들끓었다. 화장실이 고장 나도 고쳐 주지를 않는다, 외부 업체가 들어온 후 매점 물건 가격이 너무 많이 올랐다, 치마 길이가 짧다고 사회봉사 가는 것은 너무 심한 것 아니냐 등 어떻게 참고 살았을까 싶을 만큼 다양한 요구들이 터져 나왔다.

이런 분위기 속에서 점차 희망이 보이기 시작했다.

북구청장 면담은 하지 못했지만 지원해 주기로 한 예산을 다른 용도로 사용할 수 있다는 답변을 받아 냈고 민주노동당 시의원[****]이 학부모위원과 학교장 설득에도 나서 주었다. 결국 학교장은 우리의 요구를 받아들였다. 학교운영위원회를 통해 이 사안에 대해 재심의하고 교사, 학생 설문 조사를 통해 이 예산을 다른 부문에 사용하기로 했다. 학부모위원들과의 갈등도 대화로 풀었다.

매일 모여서 회의하고 설문지 만들고 이런저런 사람들에게 시달리는 등 하루하루가 피곤한 일상이었지만 돌이켜 보면 신이 나는 싸움이었던 것 같다. 그리고 이 싸움의 결과 학생 화장실엔 온수기가 설치되었고 학생들의 통학용 자전거가 비를 피하고 안전하

[****] 2011년 당시 모 고등학교에서 무리한 상벌점제 운영으로 학생인권 침해 논란이 일자 울산광역시 행정사무감사에서 이 사례를 지적하고 시정을 요구했던 울산광역시의회 의원 중 한 사람. 2012년 일제고사 반대 피켓팅에도 동참했다.

게 보관될 수 있도록 거치대도 생겼다. 작년 한 해 동안 학운위 교원위원으로 활동했던 것 중 가장 뿌듯한 경험이었다.

올해 우리 학교는?

교사들의 체벌이 비교적 줄어들었고 모두가 거부했던 등교 체크 기계는 당연히 없다. 하지만 복장 위반, 흡연 등으로 벌점이 누적된 학생들은 사회봉사를 가야 하고 이에 대한 학생들의 불만은 장난이 아니다. 교문은 외출증이 있어도 쉽게 통과할 수 없도록 학교지킴이 직원, 교감, 학생부장, 학생부 교사들이 철통같이 지키고 있어 아이들은 때때로 담을 넘는다.

학생회는 작년 학생회가 하던 '계몽 활동'조차 하지 않는다. 학생부에서 새롭게 정한 규칙에 따라 '학생회장' 자격에 '성적 제한'을 넣어 후보로 출마한 여러 명의 학생이 탈락했다고 한다. 학생회장 선거는 단독 출마로 이루어졌는데 '찬반'을 묻는 투표조차 하지 않았다는 것을 뒤늦게 전해 들었다. 이런 학생회에 힘이 실리지 않는 것은 당연한 결과가 아니겠는가. 이러한 과정을 관심 있게 챙겨 보지 못한 교사로서 무척 부끄럽게 생각한다.

그럼에도 불구하고 우리 학교는 여전히 인근 학부모들로부터 '기피 대상'이다. 주변 학교들에 비해 규율이 느슨하고 야간 자율학습을 강제로 시키지 않는 교사들이 소수이지만 존재하며 방학 중 보충수업을 '과목 선택형'으로 실시하고 있어 학생들의 선택권

이 '조금'이나마 있기 때문이다. 보충수업 참가율도 타 학교들에
비해 낮은 편이다.

들자하니 모 학교는 아침에 학생들이 등교하자마자 휴대폰을 걷
어 간다고 하고 또 다른 학교는 1, 2학년 학생들마저 토요일 강제
자습을 시킨다고 한다. '등교 체크 기계 설치'에 대해 교사 대부분
이 찬성하여 통과된 학교의 사례도 들려온다. 생활지도의 편리성
과 효율성, 그리고 입시의 논리 속에 학생들의 목소리와 인권 따
위는 설 자리를 잃어 간다. 학생들의 의견을 수렴하고 대표할 수
있는 학생회의 존재도 너무 아득하다.

조금만 귀를 열고 눈을 크게 뜨고 보면 우리 학교 안에도 해결해
야 할 문제가 끝없이 많은데 울산 지역 인문계고등학교 중에서 우
리 학교는 점점 유별난 학교가 되어 가고 있다. 그만큼 설 자리를
잃어 가고 있다는 것이다.

과연 학교에 미래는 있는가?

학교 안에서의 '학생인권'과 '민주주의'는 아주 조금씩 천천히 한
발 앞으로 나아가는 반면 순식간에 열 걸음 후퇴해 버리고 만다.
학교 현실을 돌아보면 문득 허무하고 힘이 빠진다. 그래도 다시
힘을 내야겠지. 최근에 읽었던 글 중 일부를 인용하며 이 글을 마
칠까 한다.

민주주의든 인권이든 그것은 살아 있는 물체와 같다. 그것은 이루려는 자와 그것을 막으려는 자의 싸움을 통해 형성되었으며, 제도화된 부분은 양자의 타협 위에서 성취된 것이며, 그것을 확장하려는 현재의 노력이 없다면 언제든지 거꾸로 돌아갈 수 있는 것이다.

— 김육훈, 〈민주주의 시선으로 역사를 읽고 가르치려는 하나의 실천〉, 《역사교육》 97호

고민경 중등 교사

매일매일 '오늘은 정말 학교 가기 싫다'는 생각을 하는 만큼 애들에게는 '조금' 관대한 …… 때때로 교사가 된 걸 후회하기도 하지만 아직은 '역사를 공부하고 가르치는 것'이 재미있기도 한 20년 차 교사입니다.

나는
거짓과 굴종을
가르쳤다

목숨을 위협하는 현장 실습

임동헌 광주 전남공고 교사

목숨

어쩌면 우리는 양계장 닭인지도 몰라

라인마다 쪼로록 일렬로 앉아

희끄무레한 불빛 아래 속도에 따라 손을 놀리고

빠른 음악을 틀어 주면 알을 더 많이 낳는

양계장 닭인지도 몰라

진이 빠져 더 이상 알을 못 낳으면

폐닭이 되어 켄터키치킨이 되는

양계장 닭인지도 몰라

— 박노해, 〈어쩌면〉 일부

2011년 12월 17일, 광주의 기아자동차 공장에서 현장 실습 나온 특성화고등학교(한때는 실업계고등학교이다가 전문계고등학교로 바뀌었고, 이제는 특성화고등학교라고 부른다) 3학년 학생이 뇌출혈로 쓰러졌다. 12시간 맞교대(회사에서는 10.5시간이라고 말하지만 휴게 시간이라는 식사 시간과 간식 시간을 뺀 시간이다)의 도장 작업(페인트 작업)을 버티지 못하고 회사 기숙사에서 쓰러져 지금 생사의 기로에 서 있다.

6천 명이 넘는 정규직 노동자와 500여 명의 사내 하청 노동자가 있었는데도 아저씨들은 이제 열아홉 살 먹은 고등학생에게 도장 작업을 맡겼다. 풍선도 쥐어짜면 가장 약한 부분이 부풀어 오르듯 힘든 일은 가장 약한 자에게 떠넘겨지는 것이 당연한 세상 이치이건만 아직도 세상 물정을 모르는 선생 눈에는 이해가 가질 않고 분노가 치밀어 오른다.

자본에 대해서는 애초부터 아무런 기대조차 없었지만 그래도 동지로서 연대하고 있는 노동조합에 대한 섭섭함을 감출 수 없다. 노동조합도 현장 실습 나온 어린 청소년이 12시간 주야 맞교대를 하는 줄 알았을 것이고 그 아이들이 유해 업무에 배치받은 것도 알았을 것이다. 그들이 있기에 자신들의 업무가 편해진 것도 알았을 것이고 또한 아이들이 창출한 이윤이 함께 나누어진다는 것도 알았을 것이다.

이 학생들은 오는 2월 학교를 졸업하게 되면 자동으로 현장 실습이 끝나고 아무런 대가 없이 회사를 나와야 한다. 고등학생들이 가을과 겨울을 버텨 주고 버려지면 봄과 여름은 전문대 학생들이 빈자리를 메우고 버텨 주고 또 버려진다.

이들 숫자가 100여 명인데 원래 이 자리는 정규직 아저씨들 자리란다. 이 아저씨들도 살인적인 노동 강도에 몸이 버티지 못하고 산업재해를 입어 장기 요양에 들어갔단다. 늘상 발생하는 100여 명의 장기 산재자로 인한 공백을 당연히 정규직 노동자로 채워야 함에도 회사는 노동시장 유연화라는 자기들 나름의 용어를 써 가며 비정규직화시키고 그나마도 내어 주기 싫었는지 현장 실습생이라는 더 쓰기 쉽고 버리기도 쉬운 사람을 투입하고 있다.

미래

에라 씨팔,

나도 바겐세일이다

3,500원도 좋고 3,000원도 좋으니 팔려 가라

바겐세일로 바겐세일로

다만,

내 이 슬픔도 절망도 분노까지 함께 사야 돼!

— 박노해, 〈바겐세일〉 일부

　아이들도 대학에 가고 싶다. 공부가 좋아서가 아니라 돈을 더 많
이 벌 수 있는 직업을 가지려면 대학이라도 나와야 한다기에 대
학에 가고 싶다. 하지만 대학에 갈 수가 없다. 대학에 가기에는 너
무 가난하다. 대학 가는 친구가 부럽지만 대학은 내가 가질 수 없
는 것이다. 대학 졸업장이 없으니 돈 많이 버는 직업도 가질 수 없
음을 안다. 그래도 먹고살려면 한 푼이라도 벌어야 하기에 자존심
은 상하지만 나를 판다. 프레스질 하는 기계공장도 좋고 납땜하는
전자 회사도 좋다. 돈만 많이 준다면 고등학교에서 배운 기술은
조금의 망설임 없이 버릴 수 있다. 하기야 3년 동안 디자인을 배
운 혜진이도 전자 회사 가서 냉장고 조립하고 있고 환경에 대해서
3년 동안 공부한 태민이도 기계 부품 회사에서 프레스질 하고 있
으니, 우리 학과 성철이라고 3년 동안 배운 통신기술이 뭐가 대수
랴? 돈만 많이 준다면……
　아이들은 많이 바라지도 않는다. 선생님들도 "요즘 120만 원 주
는 회사가 많지 않다"며 "그래도 연장 뛰고 특근하고 야간도 하
면 150 이상은 받을 수 있다"고 하니 별 수 없다. 남들 잘 때 일하
고, 쉬는 날 집에서 쉬는 것보다는 회사에 나와서 일하면 돈도 더
준다니 그렇게 해서라도 한 삼 년 죽었다 생각하고 일하면 대학
가는 학비는 마련할 수 있지 않을까?

또 모르지. 성실히 일하면 군대 다녀온 후에 회사에 다시 입사할 수 있고, 그렇게 악착같이 모으면 전셋집 하나 마련할 수 있지 않을까? 그런데 신문에서 전세 평균이 1억 5천이란다. 국회의원 아들이면 군대를 안 가도 되니까 2년 동안 더 벌 수 있을 텐데…….

공장에 가서 일하는 아이들이 받는 시급은 편의점이나 식당에서 알바하는 친구들의 시급과 다르지 않다. 언제나 아이들에게는 최저임금이 최고임금이 되었고 그것은 아이들의 아버지나 어머니도 마찬가지이니…….

아! 교사들은 시급을 잘 모르지? 한 번도 시급으로 임금을 계산해 보지도 않았고 계산해 볼 일도 없으실 테니…….

거짓말

벽에 걸린 달력을 보며
빨간 숫자는 아빠 쉬는 날이라고
민주는 크레용으로 이번 달에 6개나
동그라미를 그려 놓았다

민주야
저 달력의 빨간 숫자는
아빠의 휴일이 아니란다
배부르고 능력 있는 양반들의 휴일이지

곤히 잠든 민주야

너만은 훌륭하게 키우려고

네가 손꼽아 기다리며 동그라미 쳐논

빨간 휴일 날 아빠는 특근을 간다

발걸음도 무거운 창백한 얼굴로

화창한 신록의 휴일을 비켜

특근을 간다

— 박노해, 〈휴일특근〉 일부

    나도 한때는 취업 담당 교사를 하며 아이들을 많이도 현장 실습을 보냈다. 대기업 생산직 일자리가 나오면 아이들에게 선생으로서 가장 권위 있게 큰소리치며 현장 실습의 중요성을 피력하고 면접을 철저히 준비하도록 당부하였다. 대기업에 취업만 되면 살림살이가 바뀌고 품위 있는 삶을 살 수 있다며 장밋빛 인생을 설계해 주었다. 설사 대기업 자리가 없어도 중소기업도 성실히만 일하면 대기업만큼은 아니지만 그래도 살 만해질 거라며 희망을 심어 주었다.

    정말일까? 그런 게 아이들이 삶을 인간답게 살 수 있도록 해 줄까? 아니 너무 먼 미래를 내가 어떻게 알겠는가? 최소한 아이들이 공장에서 어떻게 살아가는지 정말 알고 말한 것일까? 그냥 회사에서 보내 준 공문 한 장으로 내가 뭘 알고 그런 말을 했을까? 아니지. 분명히 아이들은 학교를 다니는 중에 현장 실습으로 회사에 간 것이고 그렇다면 과연 회사에서 배우는 것이 교육의 연장이 될 수 있을지를 먼저 고민해야 순서지. 학교를 졸업하고 나가는 것도 아니고 학생 신분으로 공장에 가서 일을 하는데 말이다. 그런데 그게 정말 현장 실습일까? 아이들이 가난하다는 이유로 나는 적당히 현실과 타협을 한 것은 아닐까? 모르겠다. 하지만 확실한 것은 내가 한 말이 거짓말이었다는 것이다.

현장 실습은 1960년대 중반 제정된 직업교육진흥법에 근거하고 있다. 나라가 가난하여 학교에 좋은 기자재가 없으니 학교에서 이론적으로 배운 기술을 산업체에서 실습을 통해 학습을 완성할 수 있도록 한다는 의도다. 그런데 여기에 무서운 꼼수가 있는 것 같다. 아이들은 공장에서 한 번도 학생으로서 교육을 받아 본 적이 없다. 사실상 노동자로서 회사에 기여하고 있었다. 싼 임금에 말 잘 듣는 착한(?) 노동자로 제공된 것이었다. 무슨 실습을 하루에 12시간씩 법을 어겨 가면서 한단 말인가? 오히려 기업의 인건비를 줄이기 위한 수단으로 현장 실습이라는 제도를 만들었으며, 그렇게 해야 결국 기업의 이윤이 늘고 세계적인 경쟁력을 갖게 되어 국익에 도움이 된다는 말이 더 솔직하지 않을까? 힘은 들겠지만 어차피 너희들도 찢어지게 가난하니 집에 경제적인 도움도 되고 피차 좋은 일 아니냐는 말이 더 솔직하지 않을까?

꼭 의도하지는 않았겠지만, 아이들을 공장으로 보내고 나면 교실에 아이들이 없을 것이고 그러면 교사도 편하지 않았을까? 아!

그래서 선배 교사들이 3학년 담임을 독차지하셨구나! 하기야 내가 근무했던 기계 계열 공업고등학교에서는 박정희 때 기계과 실습 시간에 학생들이 소총 부품을 만들면 저녁에 군인들이 트럭을 몰고 와서 가져갔다는 믿거나 말거나 하는 이야기가 전해져 내려오는 판국에 교육은 무슨 교육인가? 교사는 늘 그래 왔듯이 권력의 질서를 전파하는 전도사의 역할을 하는 것이고. 다 그렇게 사는 거지.

고해성사

비암이라고 다 비암이 아니여
독이 있어야 비암이지
쎈방이라고 다 쎈방이 아녀
바이트가 달려야 쎈방이지
노동자라고 다 노동자가 아니제
동료와 어깨를 꼭 끼고 성큼성큼 나아가
불도쟈 밀어제껴 우리 것 찾아 담는
포크레인 삽날 정도는 되아야
진짜 노동자지

— 박노해, 〈진짜 노동자〉 일부

겨울방학. 눈보라가 몰아치는 길거리에서 1인시위를 하고 있다.

매서운 추위에 발을 동동거리며 서 있지만 당당함보다는 죄스러움이 나를 괴롭힌다. '아이들아! 이 못난 선생을 용서해 줄 수 있겠니?'라며 자신의 잘못을 이런 식으로 고해하려는 가식적인 선생의 모습을 들킬까 봐 두렵다.

나는 아이들의 삶에 대한 진지한 고민의 싹을 가장 비열한 방법으로 잘라 버렸다. 너희는 가난하기에 절대 이길 수 없을 거라며……. 이 세상의 법칙을 절대 이길 수 없을 거라며……. 그러니빨리 살길을 찾으라며……. 그게 현명한 선택이라며…….

한 번도 본적이 없는 사람들이 만들어 놓은 법칙. 그 추악한 자본과 권력의 법칙에 한 번도 저항해 보지 못한 아이들에게 나는 굴종하는 법을 가르쳤다. 그것도 교육이라는 이름으로. 자본과 권력의 노리개나 소모품으로 사용될 줄 알면서. 자본의 유일한 천적인 노동자를 그들의 개로 만들어 버렸다. 하기야 나도 이 자본과권력의 법칙에 성실히 굴종한 개이면서 무슨 말을 하랴.

그래서 이 추운 겨울이 더욱 무섭게 느껴진다. 너무 춥고 무서워서 춥고 무섭다고 한번 악이라도 쓰고 싶다. 고해성사를 해서 하느님이 내 죄를 용서해 주시더라도 나는 나를 용서하기 힘들 것 같으니 이제 그렇게 살지 않으려 이판사판 악이라도 쓰고싶다.

나는 거짓과 굴종을 가르쳤다

177

❖덧붙임

기아자동차 현장 실습생이 열악한 근무 환경에서 일하다 뇌출혈로 쓰러진 사건은 비단 기아자동차만의 문제는 아니다. 가난한 아이들은 현장 실습이라는 미명 아래 돈벌이를 위해 회사에 취업하고, 회사는 노동 시장 유연화와 인건비 절약을 이유로 현장 실습생을 고용한다. 그리고 학교는 알량한 현실적 판단에 의해 청소년 노동 착취의 독배를 든다.

2011년 12월 17일 기아자동차 광주공장 현장 실습생 김민재 학생 사고로 고용노동부는 기아자동차에 대한 특별근로감독을 실시했다. 그결과 금품 미지급, 현장 실습생 연장근로한도 위반, 산업재해 미보고 등 범죄인지 총 66건, 과태료 3억 9천 200만 원, 사용중지 3건 등 총 82건의 관련 법률 위반을 적발했다. 고용노동부는 기아자동차가 현장 실습생에게 지급하지 않은 연장·야간·휴일근로수당 2억 7천 800만 원과 상여금 13억 1천 200만 원, 연차유급휴가수당 2억 7천 700만 원도 지불하도록 했다.

더불어 교육과학기술부도 2012년 4월 야간·연장·휴일근로 금지를 골자로 한 현장 실습 지침을 마련하여 각 시·도교육청에 내려 보냈으며 근로기준법 및 산업안전에 대한 인터넷 학습 자료 16차시를 개발·보급하였고 현장 실습을 나가는 학생들은 모두 학습을 이수하도록 하였다.

그러나 정부는 취업률을 올리기 위하여 시·도교육청에 대해 취업률에 따른 예산 차등 지급을 실시하였고 이에 학교들은 경쟁적으로 현장 실습을 보냈다. 이 와중에 2012년 12월 14일 울산 앞바다에서 바지선이 전복하는 사고로 현장 실습생이 사망하는 비극이 발생했다. 울산지 방노동청의 현장 조사에서는 현장 실습생이 바다 위 바지선에서 숙식을 해결하면서 하루 15시간 이상 노동을 하였고 휴일에도 일을 해야 했다는 진술이 나왔다. 답답한 노릇이다.

임동헌 광주 전남공고 교사

특성화고등학교에서 학생들과 함께 통신을 공부하고 있습니다. 특성화고등학생에 대한 우리 사회의 천박하고 폭력적인 편견과 오해로 인해 꺾이고 잘려 나간 아이들의 자존감을 살려 보고자 소박한 움직임을 하고 있습니다. 광주청소년노동인권네트워크에서 활동하며 노동자로서 삶에 대한 진지한 성찰과 실천을 함께할 동지들을 찾고 있습니다.

※ 본문에 나오는 학생들의 이름은 모두 가명입니다.

3부

저항 혹은 탈주

우리는 단 한 명의 학생도 포기할 수 없습니다

학생부 학교폭력 기재를 거부하다

정은희 경기 용인 홍덕고 교사

더 열심히 파고들고

더 열심히 말을 걸고

더 열심히 귀기울이고

더 열심히 사랑할걸……

(……)

모든 순간이 다아

꽃봉오리인 것을,

내 열심에 따라 피어날

꽃봉오리인 것을!

— 정현종, 〈모든 순간이 꽃봉오리인 것을〉 일부

지난 9월, 평화롭던 학교에 난데없는 소란이 벌어졌다. 학교폭력 가해 학생에 대한 조치 사항을 학교생활기록부(이하 학생부)에 기재하지 않았다는 이유로 교과부에서 특정 감사가 들어온 것이다.

학교폭력 기재는 또 하나의 폭력

학교폭력 학생부 기재는 올해 2월 교과부가 학교폭력근절종합대책으로 학교폭력대책자치위원회가 내린 가해 학생에 대한 조치 사항을 학생부에 기재토록 '학교생활기록 작성 및 관리 지침(교과부 훈령 제239호)'을 개정하면서 시작됐다. 이러한 지침은 학생부 내용이 졸업 후 5년간 보존된다는 점에서 향후 입시나 취업 등에 반영돼 과도한 처벌이라는 비판을 받았다.* 이에 따라 지난 8월

---

*2012년 11월 16일 교과부는 학교폭력근절후속대책을 통해 2013년 2월 졸업생부터는 서면 사과 등 경미한 조치에 대해서는 학생부 기록을 졸업 직후인 2월에 삭제할 수 있도록 개선안을 내놓았지만, '경미한 처분'의 기준이 모호하고 학교폭력 가해 학생 조치 사항을 학생부에 기재하는 원칙은 여전히 고수해 논란이 계속되고 있다.

3일 국가인권위원회는 학교폭력 학생부 기재가 인권침해의 소지가 있다며 교과부 장관에게 개선을 권고했다. 인권위 권고 뒤 몇몇 교육청들이 학생부 기재를 보류하거나 거부하는 지침을 내리자 교과부가 경기·강원·전북교육청을 상대로 이번 감사를 진행한 것이었다. 교과부가 특정 감사 계획을 발표하자 김상곤 교육감은 8월 27일에 성명을 발표했다. 다음은 그중 일부이다.

학생부 학교폭력 기재는 비교육·반인권적 요소가 다분한 불완전한 대책이며 학생들을 낙인찍는 행위입니다. 학생의 기본권을 침해하는 위헌과 위법의 소지가 있습니다. 헌법 소원이 벌써 여러 건이고, 행정 심판은 부지기수인데다, 앞으로 더욱 불어날 것입니다.

기재 보류는 우리 아이들과 우리 교육을 보호하기 위한 조치입니다. 선생님과 학교를 위헌·위법적 소지의 조처로부터 보호하기 위한 결정입니다. 상급 기관 방침이라는 이유 하나로, 선생님들이 아이들의 이마에 낙인을 찍도록 방관할 수 없습니다. 교육감으로서 이런 조치는 받아들이기 어렵습니다.

교과부는 하루 뒤부터 8일간, 13명의 감사단을 투입해 교육청과 학교를 감사하겠다고 통고해 왔습니다. 교육에 대한 정책과 철학의 문제를 강압과 폭력으로 밀어붙이려는 자세는 올바르지 않습니다. 아이들을 위해, 선생님을 위해, 학교를 위해, 나아가 우리나라 교육 전체를 위해, 특정 감사 계획은 철회되어야 합니다.

교과부의 학교폭력근절종합대책 발표 이후 3월부터 학교폭력과 관련하여 여러 공문이 하달되었고, 학교에서 학교폭력에 어떻게 대처해야 하는지에 대해서도 여러 프로그램이나 지침이 소개되었다. 하지만 실제로 현장에서 일어나고 있는 학교폭력에 대한 즉각적이며 완벽한 해결책은 없다고 생각한다. 교과부가 지시한 학교폭력 학생부 기재 또한 그 행동에 대한 정당한 처벌도, 학교폭력을 예방할 수 있는 방안도 아니라고 본다. 학교폭력은 폭력을 생산해 내는 사회에 대해 근본적으로 성찰하고 그로부터 해결책을 마련해야 하는 것이다.

그래서 지난 1학기에 홍덕고 교사들 역시 전체 회의나 총회를 통해 따로 결의를 하지 않았음에도 모두 암묵적으로 학생부에 학교폭력 관련 사실을 기재하지 않았다. 이것이 교과부에 고스란히 보고되었다는 것은 특정 감사를 통보받은 후에야 알게 됐다. 교과부는 2학기가 시작되기 전 각 학교에 공문을 보내 학교폭력대책자치위원회가 열린 횟수와 그에 대한 학생부 기재 여부를 조사했다고 한다. 어떻게 교과부가 어느 학교 몇 학년 몇 반 담임이 기재를 하지 않았다는 사실까지 구체적으로 다 알고 있는가 싶어 당황스러웠는데, 알고 보니 행정실에서 여름방학 때 공문을 받아서 보고를 했다고 한다. 이런 일이 벌어질 줄은 꿈에도 몰랐던 해당 행정 실무사 선생님은 정말이지 너무 미안해 어쩔 줄을 몰라 했다. 사실 그분은 자신의 업무에 책임을 다했을 뿐이고, 그분이 우리에게 미안해할 일은 아닌데, 이런 상황을 만드는 교과부에 화가 났다.

교과부에서 온 반갑지 않은 손님

기재 보류는 국가인권위원회도 권고했던 부분이고, 소속 교육청인 경기도교육청의 지침이기도 하므로 법령 위반도, 직무 유기도 아니었다. 그런데도 교과부가 특정 감사를 실시하는 것은 일선 학교에 직접 압력을 행사해 자신들의 방침을 관철시키겠다는 뜻이었다. 교과부 특별감사실은 이윽고 개별 학교에 직접 전화를 걸어 협박 아닌 협박을 했다. 우리 학교 교장, 교감 선생님도 교과부로부터 지시를 따르지 않으면 징계를 받을 수 있으며, 학생부 기재를 하지 않은 학교는 경기도에서 홍덕고뿐이라는 얘기를 들어야 했다.** 그러고는 9월 3일, 한창 수시 원서 접수 기간이라 바쁜 학교에 교과부 특별감사단이 온다는 연락을 받았다. 교사들은 급히 모여 어떻게 대응할지 이야기를 나누었다. 일단 감사가 진행되는 1층 학운위실 복도에서 수업이 비는 교사들이 모여 함께 피케팅을 하기로 하였다. 피켓에 들어갈 문구는 교사들의 의견을 모아 다음과 같이 정리하였다.

아이들에게 평생 멍에를 씌우는 학교폭력 학생부 기재는 철회되어야 합니다.

부당한 요구에 교사의 양심을 버릴 수 없습니다.

** 홍덕고만 학생부에 학교폭력 관련 사실을 기재하지 않았다는 교과부의 주장 또한 그야말로 주장일 뿐이었다. 학생부 기재를 하지 않은 학교들을 바로 주변에서도 확인할 수 있었다.

교사에게 아이들을 버리라고 강요하지 마세요.

아이들은 버려야 할 짐이 아니라 평생 함께 가야 할 희망입니다.

우리는 한 명의 아이도 포기할 수 없습니다.

우리는 아이들을 낙인찍는 교사가 아닙니다.

비교육적인 행위자로 기록되어야 할 대상은 교과부입니다.

학교폭력 학생부 기재, 국가인권위도 재고하라고 했습니다.

　설마 올까, 와도 오후 늦게나 오지 않을까 했는데 1교시부터 2명의 교과부 감사원이 학운위실에 자리를 잡고는 교장, 교감, 학생인권부장, 학생부 기재를 하지 않은 고3 담임교사를 차례로 불러 하루 종일 감사를 진행하였다. 그들은 학운위실 앞에 모여 피케팅을 하고 있는 교사들에게 소란스럽게 하지 말라며 강압적인 태도를 보이는가 하면, 점심시간을 훨씬 넘어서까지 교감 선생님을 놓아 주지 않기까지 했다. 수시 원서 마감을 앞둔 고3 담임을 불러서 관련 사실을 학생부에 기재하라며 압력을 가하기도 했다. 아침 일찍부터 시작된 감사는 저녁 6시가 넘도록 계속되었다.

　감사가 진행되는 동안 다른 교사들은 피켓을 들고 학운위실 주변에서 함께 자리를 지켰다. 학부모님들도 찾아와 감사실 주변에서 발을 동동거리며 어떻게 하냐고 걱정을 했다. 방과 후에도 감사가 끝나지 않자 학생자치회 학생들도 "왜 이렇게 안 끝나요?" 하며 같이 감사가 끝나길 기다렸다. 교사, 학부모, 학생이 한마음, 한뜻이 된 시간이었다.

바로 다음 날인 9월 4일에는 감사단이 교장 선생님과 교감 선생님을 불러 한 번 더 감사를 진행했다. 감사가 끝난 뒤 이범희 교장 선생님은 전체 교직원에게 편지를 보냈다.

쉬 오고 쉬 가는 것은 의미 없지 싶습니다.

사랑도 그렇고 열정도 그렇고 하나쯤 미련으로 가지고 있는 우리의 꿈도 그럴진대 맹구우목盲龜遇木*** 불가능의 경지를 뚫고 세상에 태어난 모든 생명은 말할 것 없겠지요.

사람을 만나는, 그것도 무한한 잠재적 가능성을 가진 아이들을 만나는 일을 업業으로 삼고 살아가는 우리들이 아이들을 쉬 대할 수 없는 이유이며 힘들고 어렵다 하여 쉬 포기할 수 없는 이유이지요.

교육은 가르치는 것이 아니라 몸으로, 삶으로 나누는 것이라 했습니다. 가르치며 배우고, 배우며 실천하는 것이 우리 학교 배움공동체의 모습이고 그렇게 하나 되어 주셔서 진심으로 감사드립니다. 모두들 고생하셨습니다.

저는 참으로 행복한 교사로 살아가고 있다 생각했습니다. 결결한 뜨거운 연대의 모습 가슴에 담고 앞으로 더욱 치열하게 살아야지 다짐하게 됩니다.

어제 문답서에 입력에 대한 모든 책임은 학교장에게 있고 온전히 그 귀책도 제가 받겠다고 했습니다. 지난 3년간 우리 모두는 부끄럽지 않

***불가에서 사용하는 말로 눈먼 거북이가 망망대해에서 떠다니는 나무토막을 만나는 것과 같이 어려운 기회를 말한다.

은 교사로 살아왔고 가시밭길 마다하지 않으며 오롯이 아이들을 만나
왔다고 했습니다. 학생부로 아이들을 겁박하기보다는 뜨거운 마음으
로 아이들을 만나 왔다고 했습니다. 그것이 기재할 수 없는 이유라 했
습니다. 우리 모두가 지키고자 했던 그 가치가 폄하되는 것 같아 가슴
아프다 했습니다. 하지만 앞으로도 그럴 것이라 했습니다.

감사장에 슬며시 들어와 우유를 놓고 나가며 힘내라던 아이의 눈망울,
차가운 바닥에 앉아 끝까지 함께해 주신 선생님들…….

빗줄기 시원합니다. 우리 학교, 행복공동체 맞지요?

교육청으로 '소환'당하다

그런데 같은 날, 학교 팩스로 학생부에 관련 사실을 기재하지 않
은 2학년 담임교사 5명도 추가로 감사를 받으러 5일에 경기도교
육청 회의실로 출석하라는 통보가 왔다. 출석 요청을 하루 전날,
그것도 팩스로 달랑 종이 한 장 보내서 하는 것도 기분 나빴지만,
그럼 수업은 대체 어쩌라는 것이며, 왜 지난 3일에 학교에 왔을 때
는 부르지 않고 갑자기 이렇게 따로 불러서 감사를 하는 건지 전
혀 설명이 없으니 황당했다. 개인적으로는 감사를 받을 일을 하지
않았으므로 가지 않겠다고 생각했지만, 결국 함께 방과 후에 감사
를 받으러 가자는 쪽으로 의견을 모았다.

9월 5일, 나를 포함해 5명의 담임교사들은 방과 후에 교장 선생
님, 그리고 동료 교사들과 함께 도교육청으로 향하였다. 감사라는

것을 받아 본 적이 없던 터라 긴장도 되고 두렵기도 하고 여러 감정이 교차하였다. 그저 아이들의 편에서 생각하고 아이들을 사랑하는 마음으로 교직생활을 해 왔고, 아이들에 대한 애정과 책임감으로는 누구에게도 뒤지지 않는다는 자부심으로 살아왔는데 그것이 교육적으로 어떤 잘못이 있길래 내가 이 자리까지 와야 하나 싶었다. 대한민국 교육 당국은 대체 어떤 교사를 원하는 것인지 묻고 싶었다.

감사장에 들어가기 전 교장 선생님은 어떻게 감사가 진행되는지 설명해 주셨다. 들어가면 문답서를 작성하라 할 것이며, 그쪽에서 질문을 했을 때 불편하거나 불리한 부분은 대답하지 않아도 되며, 이 모든 것의 책임은 교장인 당신이 지겠으니 부담 갖지 말고 감사를 잘 받고 나오라는 격려까지……. 함께 온 다른 선생님들도 감사관들과 쓸데없이 실랑이하지 말고 '네', '아니오'로 간단하게 대답하고 나오라고 하였다. 그들과 논쟁하는 것은 불필요한 일이니 괜히 싸우면서 기운 빼지 말라는 거였다. 그렇게 여러 선생님의 응원과 격려 덕에 든든한 마음으로 감사장 문을 열고 들어갔다.

감사장에 들어가니 큰 책상에 여러 명의 감사관들이 딱딱한 자세로 앉아 있었다. 감사는 그들 앞에 놓여 있는 의자에 한 명씩 돌아가며 앉아 문답서를 작성하는 식으로 이루어졌다. 그들은 왜 학생부에 학교폭력 사실을 기재하지 않는지에 대해 집중적으로 추궁하였다. 학생부 기재 자체의 옳고 그름을 떠나서 고2는 수시 원서를 써야 하는 고3과 달리 당장 학생부 입력을 하지 않아도 되는데도 우리의 행동이 '직무 유기', '근무 태만'에 해당되며 '공무원의 복종 의무'를 어긴 것이라고 하였다.**** 형법 제122조 직무 유기 조항에 따라 '1년 이하의 징역이나 금고 또는 3년 이하의 자격 정지'에 처해질 수 있다는 이야기도 하였다. 강원도교육청에서 일제고사를 반대했던 교사가 해직된 사례를 알고 있느냐며 이번에도 교과부 지침을 따르지 않으면 해고될 수도 있다는 말도 했다. 그들의 말은 협박이라기보다는 걱정 섞인 우려였지만 이는 교과부가 이 사태에 대처하는 태도를 분명하게 보여 주는 부분이었다.

나와 4명의 교사들은 경기도 지역의 교사로서 소속 교육청과 학교장의 결정에 따라 기재를 보류하였을 뿐이고, 이에 대한 사실 또한 학생부 입력 마감 시점까지 확인하거나 책임을 물을 수 없는 것인데 왜 지금 감사를 진행하느냐고 물었다. 그러나 그들은 자신들에게 불리한 질문에 대해서는 대답을 회피하였다. 오히려 우리에게 피해 학생을 보호하기 위해서 제정된 법령인데 어떻게 교사가 폭력을 행사한 학생을 보호하려 하느냐며 왜 학생부 기재를 하지 않는지만 재차 물었다. 그런 그들을 보며 과연 법이 누구를 위해 있는 것인지, 교육이 누구를 위해 존재하는 것인지 물어보고

**** 학생부 입력 마감 시일은 학년이 끝나는 내년 2월이다. 교과부는 이 점을 의식해서인지 앞서 내놓은 학교폭력근절후속대책에서 내년부터는 학교폭력 가해 사실을 그동안 학기 말, 학년 말에 기재했던 것과 달리 학교폭력대책자치위원회 심의 직후에 바로 반영하도록 하였다.

싶었다. 하지만 우리에겐 그들에게 그러한 질문을 하는 것조차 허락되지 않았다. 그들은 마치 기계처럼 주어진 질문을 던지고 답변을 정리할 뿐이었다.

그들은 우리에게 교사로서 아이들을 어떻게 존중하고 사랑해 왔는지, 학교폭력을 예방하기 위한 처방으로는 어떤 것들이 있을지, 학교폭력과 관련해 교사로서 현장에서 느끼는 애로 사항은 무엇이며 건의할 것은 없는지, 교과부의 지침과 교육청의 지침이 다른 상황에서 교사로서 어떤 고민을 갖고 있는지와 같은 질문은 전혀 하지 않았다. 1시간 반 넘게 진행된 감사는 교사로서 우리가 가진 신념과 소신 따위는 중요하지 않은 자리였다. 단지 상부의 지시를 이행하지 않은 공무원의 무책임성만을 질타하는 자리였다.

화가 나는 부분이 참 많았지만 특히 직무 유기, 근무 태만에 대해 그들이 얘기할 때는 정말 참기가 힘들었다. 폭력이 잘못된 행동임은 분명하지만 그렇다고 하여 그 아이를 포기할 수는 없다. 그 아이를 포기하여 사회적 범죄자로 양산하게 된다면 그 책임 또한 공교육의 몫으로 돌아올 것이다. 한 명 한 명 모두 소중하고 아름다운 존재이다. 그 아름다움을 잊어버리고 잠시 방황하고 있는 별들에게 씻을 수 없는 굴레를 씌워 버리면 모든 문제가 해결되고 사라질 수 있을까? 아이를 사랑하고 지키고자 하는 것이 비난받아야 할 짓이라면 나는 모진 돌팔매라도 감수하겠다는 마음으로 감사장을 빠져나왔다.

감사장 밖에는 교사와 학부모 30여 명이 차가운 복도에 앉아 우리를 응원하며 기다리고 있었다. 1명씩 감사를 마치고 밖으로 나갈 때마다 큰 환호성으로 환대해 주어서 감사장 안에 있던 교사들은 그 소리만으로도 힘과 용기를 얻을 수 있었다. '이렇게 많은 선생님들이 우리를 응원하러 오셨구나', '저 차가운 복도 바닥에 앉아서 우리가 나오기를 한마음으로 응원하고 계시는구나' 하는 생각만으로도 마음이 따뜻해지고 눈시울이 뜨거워졌다. 뜻밖의 시련이 오히려 내부의 결속을 더 강고하게 만들고 뜨거운 동지애를 느낄 수 있게 해 준 날이었다.

학생자치회는 이 일의 진행 과정을 전교생이 정확히 알 수 있도록 자료를 만들어 각 학급회의에서 공유하도록 하였다. 학교의 한 주체로서 학교폭력 학생부 기재에 대한 흥덕고의 입장이 무엇인지 나누고, 이 일에 대해 자신들도 분명한 입장을 가져야 한다는 것이었다. 이번 일을 통해 학생들은 흥덕고를 다니는 것에 대한 자부심이 더 커졌고, 선생님들에 대한 신뢰도 더 강해졌다는 반응을 보였다. 이번 일이 학교의 3주체가 서로를 더 뜨겁게 끌어안는 계기가 된 것이다.

그러나 아직 상황이 마무리된 것은 아니다. 교과부는 이러한 감사 결과들을 바탕으로 김상곤 경기도 교육감, 김승환 전북 교육감을 직권 남용 및 직무 유기 혐의로 고발하고, 두 교육감에게 학생부 기재를 이행하지 않은 교육청 간부와 교원들을 징계하라는 명령을 내렸다. 이에 두 교육감은 "교과부 지침은 훈령일 뿐 법령이 아니기 때문에 징계 요구가 부당하다"며 징계 요구 재심의를 신청했으나 지난 11월 22일 교과부가 이를 기각한 상황이다. 싸움은 여전히 진행 중이다.

단 한 명의 학생도 포기하지 않는 학교

자세히 보아야
예쁘다

오래 보아야
사랑스럽다

너도 그렇다.

— 나태주, 〈풀꽃〉 전문

우리는 모두 서로에게 그렇다. 쉬운 교육도 없고 쉬운 사랑도 없다. 힘들고 어렵긴 하지만 소중한 존재인 아이들에게 가해지는 그 누구의 폭력도 용인할 수 없다. 설령 그것이 교과부라고 할지라도 말이다. 학교폭력 근절은 아이들이 행복해지는 데서 가능하다. 아이들이 행복하게 학교를 다닐 수 있도록, 아이들이 함께 교육의 주체가 될 수 있도록 하는 것. 그리고 그 시작은 교사가 학생들에게 끊임없는 사랑과 관심을 줄 수 있는 환경을 만드는 것에 있다. 그것이 지금 교과부가 당장 시작해야 할 일이다.

| 2012년 11·12월,《오늘의 교육》11호 |

정은희 경기 용인 홍덕고 교사

홍덕고에서 철학과 윤리를 담당하고 있는 교사입니다. 아이들과 함께 성장하는 교사, 영혼을 깨우는 교사가 되고 싶습니다.

바틀비의
거절을 넘어
자기배려로

'자기착취'가 일상화된 학교에서 교사로 살아가기

윤양수 충남 천안 신용초 교사

교직을 편한 직업이라고들 말한다. 방학이 부럽긴 할 것이다. 안정과 처세를 겨냥한 조롱인지도 모르겠다. 그러나 그들은 '보수'를 부러워하진 않는다. 교사들의 '고충'에도 관심이 없다. 당연하게도 고충과 스트레스를 시기하거나 질투하는 이는 없는 것이다. 본전치기도 못할 그런 이야기를 꺼내게 될 것 같다. 구체적으로는 승진 제도를 비롯해 성과급, 다면평가, 교원평가, 학교평가 등에 관한 이야기다. 어떤 이들은 S등급과 승진을 낚는다. 어떤 이들은 포기하거나 다르게 사는 방식을 선택하기도 한다. 과연 S등급과 승진이 업무에 탈진하고 주말까지 반납해 가며 일하는 교사들을 위무하는 판타지가 될 수 있을까?

다른 선택

"승진 생각 없어?" 학교를 옮기거나 모르는 이들을 만날 때마다 반복되던 피곤한 질문이다. "진짜 생각 없어?" 잘 아는 이들도 재차 묻곤 했다. 그러기엔 늦었는데도 말이다. 그렇게 불쌍해 보였나! 한때 승진을 생각한 적이 있었다. 다들 그렇게 사니까. 그런데 승진은 능력이 아닌 욕망의 문제였다. 다행인지 불행인지 내게는 그런 욕망이 별로 없었다. 그래서 고민도 쉽게(?) 끝나 버렸다. 승진을 부정적으로 생각한다는 말은 아니다. 다만 승진이 내게는 n개의 욕망 가운데 하나였을 뿐이라는 것이다. 그런 까닭에 승진을 포기하는데 마음 쓸 이유가 없었다. 나이 들면 후회하지 않겠냐고? 또 묻는다. 그럴지도 모르겠다.

  승진을 눈앞에 두고 있는 교사들의 일상은 고단하다. 그들에겐 저녁도, 주말도 없다. 임계점을 넘어선 업무뿐만 아니라 잦은 회식 자리까지 그들을 놓아주지 않는다. 그런 까닭에 과도한 스트레스와 허탈감을 감추지 못한다. 승진이라는 목표가, 곧 받게 될 보상이 그 가공할 '시간'을 견뎌 내게 할 뿐이다. 그렇지 않으면 포기해야 하니까. 그 시간은 과연 친숙한 '개의 시간'일까, 아니면 자기를 물어뜯는 '늑대의 시간'일까? 물론 이분법적으로 판단할 일은 아니다. 그럼에도 어떻게 사는 것이 과연 '자기배려'일까? 비노바 바베라면 이렇게 말했을 것이다. "버리고 행복하라!" 물론 선택은 사람마다 다를 수 있다.

교직 사회가 고단할수록 승진은 더욱 강한 중력으로 교사들을 사로잡는다. 우스갯소리로 승진을 하게 되면 '수업'은 안 해도 되니까. 혹은 대접이 달라지니까. 때문에 모두가 레이스에 합류하게 되는 것이다. 당장의 '자기포기'를 기꺼이 감수하게 되는 것이다. 그것이 바로 제도의 마술이다. 승진 제도를 비롯해 교직 사회에 강화되고 있는 경쟁 시스템은 그 속에 교사들을 묶어 두려는 전략임을 모르지 않는다. 그럼으로써 교육 당국은 '이미-항상' 지배를 용이하게 달성하며, 저항할 수 없는 무기력한 교사 주체를 만들어 내는 것이다. 그로부터 벗어나려는 선택을 긍정할 수 있을까? 어쩌면 제도 안에 안착하는 것이 편한 선택인지도 모르겠다.

나는 포기를 긍정했고, 지금의 모습을 부정할 생각은 없다. 다른 삶의 방식을 찾는 것이 좋은 까닭이다. 그럼, 찾았냐고? 찾았다. 성공했냐고? 물론 실패했다. 또 찾고, 또 실패를 예감한다. 실패가 힘겹지 않으냐고? 도망치고 싶을 때도 있고, 후회가 없는 것도 아니다. 다만 좀 더 독하게 실패하지 못한 것이 아쉬울 따름이다. 왜 그렇게 사냐고? 모르겠다. 그렇게 무너지고 일어서기를 반복할 뿐이다. 파도처럼! 높거나 낮을 때가 있지만 멈출 수가 없다. 이로부터 벗어날 수 있는 '진공의 자유'가 있을까? 여기서는 다만 그것이

'차이 없는 반복'은 아니라는 점을 추가해 두고 싶다.

합의 없이 경쟁하거나 합의하에 경쟁하거나

승진을 포기해도 달라지는 것은 없다. 그리 자유롭지도 않다. 성과급, 다면평가, 교원평가, 학교평가 같은 제도들이 교사들을 포위하고 있는 까닭이다. 누구도 그 촘촘한 그물망을 피해 가기는 어려울 것이다. 개인성과급은 말없이 지나간다. S등급을 받으면 나쁠 거야 없다. A나 B등급을 받아도 그만이다. 단위 학교 교사들끼리 돌아가면서 받는 '등급 순환'은 고사하고 '균등 분배'도 더 이상 거론하지 않는다. 제도가 이미 안착되어 버린 것이다. 맛이야 1++나 1+등급이 좋다. 식감은 떨어지지만 1등급도 상관은 없다. 성과급은 그렇게 해마다 한 번씩 불편한 채로 즐기고 마는 고기가 되었다. 아니, 교사들이 등급이 매겨지는 '고기'가 된 것일까?

성과급 평정 기준은 교육 당국과 학교 당국이 요구하는 실적과 성과다. 성과급 시행 초기에는 갈등도 많았으나 이제는 일정한 절차를 거쳐 평정 기준을 정한다. 회합이 잘 되는 작은 학교 같은 경우 교사들끼리 평정 기준을 합의할 수가 있다. 규모가 큰 학교의 경우에는 인사위원회에서 의논하고, 교사들의 의견을 물어 확정한다. 당사자들을 배제한 채 결정하고, 어느 날 통장에 등급이 찍히던 과거에 비하면 나아진 것일까? 예상했던 대로 이미 안착된 제도야 어쩔 수 없으나 그렇게 절차를 거쳐 합의하고 나면 저항의 의지는 거짓말처럼 순치되고 만다. 더 이상 저항하거나 해법을 찾기 어렵게 된 것이다.

학교성과급은 개인성과급과는 양상이 좀 다르다. 학교성과급은 개인의 의사와는 무관하게 교사들을 '전체'로, 즉 성과 주체로 호명한다. 학교장은 평가 지표에 맞게 학교를 경영한다. 대부분 정량적인 평가 지표에 따라 학교교육과정을 운영하고 교사들에게 업무를 할당한다. '다 같이' 협력해야 한다는 '경영'의 논리는 질문이나 이견을 봉쇄한다. 피곤을 무릅쓰고 딴죽을 거는 교사들도 없다. 쿨해진 것일까? 제도가 지나치게 교묘한 탓일까? 교육 당국은 각종 인센티브로 학교를 관리한다. 만사 제치고 100대 교육과정에 매달리고, 연간 90시간이 넘는 연수를 받는 이유도 여기에 있다. 차등의 폭이 커진다면 과연 어떻게 될까?

학교성과급을 비롯해 승진을 위한 스펙 관리에 필요한 각종 대회는 과도한 경쟁을 부추긴다. 근래에 들어 교육계에 콘텐츠가 빈곤한 브랜딩 현상이 범람하는 이유도 여기에 연루되어 있다. 평가 지표나 심사 기준에 맞게 실적과 성과가 가공되고 교육이 편집된다. 물론 바탕 없는 화장술은 아닐 것이다. 그럼에도 각종 리포트들을 보면 기표들이 공허하게 흘러넘치는 네이밍에 불과하다는 인상을 지울 수가 없다. 그 자족과 자폐의 나르시시즘에 대한 '충동'을 긍정할 수 있을까? 차이도 특이성도 없는 기표들이 공허하게 흘러넘치는 현상을 보면서 죽음의 선을 그리는 공교육을 발견하는 것은 그리 어렵지 않은 일이다.

교원평가는 올해로 3년째다. 자료 등록, 평가, 능력 개발 계획서 제출에 이르기까지 업무가 가중되었을 뿐 별다른 의미는 찾아보기 어렵다. 그럼에도 제도에 말려들어 동료 교사를 실제로 평가하는 웃지 못할 해프닝이 벌어지기도 한다. 평가로 고약한 '관리자'를 엿 먹이는 특이한 사례도 있다. '관계'가 깨지고, 동료성과 팀워크도 기대하기 어려운 경우가 생기는 것이다. 교육 당국은 갈수록 세밀한 그물을 짜고 있다. 현 정부가 지난 9월 '교원 등의 연수에 관한 규정(대통령령)'을 또다시 개정한 것이다. 현재 임의로 실시하고 있는 교원평가를 의무적으로 실시하고, 그 결과를 교원 연수에 반영하는 등 연수를 강제하겠다는 것이다.

주체성의 구조 조정

이와 같은 제도들이 학교교육을 성공으로 이끌 수 있을까? 학교 사회가 '평가'와 '경영' 담론에 포획된 것은 아마도 IMF 이후였을 것이다. 한국 사회에 확산된 신자유주의가 교직 사회에도 차등성과급, 다면평가, 교원평가, 학교평가와 같은 경쟁 시스템의 강화로 유입된 것이다. 가령 교사들에게도 SWOT^{Strength, Weakness, Opportunities, Threats}이나 SIPOC^{Supplier, Input, Process, Output, Customer}과 같은 경영 분석 기법들이 이제는 그리 낯설지 않을 것이다. 이는 각각의 요소들에 대한 진단을 통해 경영 전략을 구성하는 분석 기법들이다. 특히나 SWOT은 학교교육에서 각종 계획 수립에 활용하는 일반적인 기법이 되었다.

앞서 도입된 차등성과급이 그랬듯이 교원평가나 학교평가와 같은 경쟁 시스템이 긍정적인 효과보다 부작용이 더 크다는 사실을 모르는 사람은 없을 것이다. 그것은 '경쟁'의 배치에 구속된다는 점에서 동료성 혹은 팀워크에 마이너스 요인으로 작용한다. 뿐만 아니라 자기 몫을 챙기기 위해 동료 교사들의 시간과 노력을 가로채는 부도덕은 동료 관계를 급속하게 냉각시킨다. 학교 간 경쟁을 부추기는 학교평가와 학교성과급도 크게 다르지 않다. 저녁과 주말을 강탈하면서 교사들의 삶을 갈수록 피폐하게 만들고 있다. 공조와 협력이 필요한 학교교육과 수업, 생활지도가 이전과 달라질 것이라고 기대할 수 있을까?

학교에 유입된 경영 담론과 평가 제도는 교원들로 하여금 '학교'와 '자기'를 경영하는 주체로 호명한다. 뒤처지거나 낙오자가 될 수 있다는 강박은 경쟁력 강화를 위해 '학교'와 '자기'를 혹독하게 경영하고 손익을 계산하게 만든다. 중요한 것은 '경영'의 논리에는 교육 활동과 수업을 창조하는 내러티브적 주체로서의 교사가 위치할 자리가 없다는 것이다. 거기에는 단기적 성과와 실적에 조급한 학교장, S등급과 승진을 계산하는 교사, 배움과 사랑으로부터 소외된 '학생-공부기계'가 있을 뿐이다. '평가'와 '경영' 담론이 할당하는 교사의 자리는 학교 경영자의 주문을 수행하는 수동적 종업원의 위치로 제한된다.

이렇듯 경영 담론과 평가 제도는 교원의 주체성을 특정한 방식으로 지배하고 관리한다. 자명한 듯 거론하는 '경영'과 '평가'의 언표들은 '다른 목소리들'의 거세를 겨냥한다. '왜'라는 질문은 '이미-항상' 봉쇄되어 있고, 교사는 다만 지시와 명령을 따르는 종업원이면 충분하다. 그런 식의 언표 행위의 배치 속에서 교사들은 '입'이 없는 불구의 도구적 존재로 전락하고 마는 것이다. 가령 일제고사 시행 이후 학력 개념이 '점수'로 극소화되면서 일반화된 초등학교 보충수업이나 실적과 성과를 위해 강제되는 저녁과 휴일 근무 등은 '목소리'가 제거된 '종업원'의 위치를 잘 보여준다.

경쟁 시스템의 강화는 서동진이 《자유의 의지 자기계발의 의지》에서 밝힌 것처럼 주체성의 '구조 조정'이라 불러도 크게 틀린 말은 아닐 것이다. 무능한 교사들을 구조 조정할 수 있다고 치자. 교사들을 동원할 수 있다고 치자. 문제는 이것이 교육의 질을 하락시킨다는 사실이다. 교육 활동과 업무가 전도되는 까닭이다. 당연한 귀결로 업무에 탈진한 교사들에겐 수업이 고역이 되고, 학생들을 돌보기 어렵게 된다. 누가 과연 필요 이상으로 무리하거나 스스로 피곤을 자청할까? '평가' 중심의 배치 안에서 '학교'와 '자기'를 경영할 뿐 새로운 시도로 분주한 모습은 더 이상 찾아보기 어렵다. 이렇듯 경쟁 시스템은 그에 필요한 만큼만 '학교'와 '자기'를 경영하게 할 뿐 '자발적 주체'를 보증하지 못한다.

바틀비의 몰락과 자기배려

이처럼 경쟁 시스템의 강화는 교육의 질과는 거리가 멀다. 각종 인센티브와 승진에 유리하게 '학교'와 '자기'를 전략적으로 경영하게 되는 '경영의 정치학'으로 귀착되고 마는 까닭이다. 게다가 교사들은 '교사-되기'가 불가능한 상황에 피로를 느낀다. 교사들은 다만 실적과 성과를 내기 위해 탈진해 갈 뿐이다. 그럼에도 성과사회는 자발적이고 자율적인 주체에 대한 환상을 갖게 한다. 아무도 실적과 성과의 도구가 되기를 강요하지 않는 까닭이다. 그러나 그것은 성과사회의 경쟁 시스템이 산출하는 특정한 효과일 뿐이다. 그 속에서 자발적으로 '자기'를 착취하는 성과 주체로 살게 되지 않던가?

불행하게도 '경쟁력 강화'에 강박적으로 매달릴수록 피로는 쌓이고, 불안은 커진다. 승진과 S등급을 포기해도 '평가' 제도와 '경영'의 논리를 피해 가기는 어렵다. 때문에 어느 순간 '짜증'과 '우울' 속에 빠져 버린 탈진한 '자아'를 발견하게 되는 것이다. 정작 중요한 사실은 거기에 '자기'가 없다는 것이다. 단일한 척도와 주류 질서를 내면화하도록 스스로 '자기'를 구조 조정하게 되기 때문이다. 결국 '자기포기'로 수렴되고 마는 아이러니를 피할 수 없게 되는 것이다. 교사와 교육을 이토록 피폐하게 만드는 '평가'와 '경영'의 논리가 희망이 될 수 있을까? 우울과 탈진으로부터 벗어날 수 있는 방법은 없는 것일까?

허먼 멜빌의 소설 《필경사 바틀비》에서 주인공 바틀비는 이렇게 거절한다. "안 하는 편을 택하겠습니다 I would prefer not to." 그는 복사기가 없던 시절 변호사 사무실에서 문서를 필사하는 일을 한다. 그러나 고용된 지 며칠 만에 변호사가 주는 업무를 거절한다. 그 이유를 물어도, 그 어떤 지시와 요구에도 같은 대답으로 불응한다. 심지어는 고용자의 해고마저 거절한다. '멘붕'에 빠진 변호사는 결국 사무실을 옮기고 만다. 입주자가 바뀌어도 사무실을 떠나지 않던 바틀비는 결국 쫓겨나게 된다. 거절은 생존 본능이 아니었던가? 그러나 바틀비의 '거절'은 구치소에서 자기 몰락으로 종말을 맞는다.

고독한 시간 속에서 몰락해 간 바틀비! 그러나 주류 질서로부터의 탈주가 자기몰락으로 귀착되는 것을 무기력하게 지켜볼 수는 없지 않을까? 우리는 푸코를 통해 그와는 다른 양상의 '자기배려'를 상상할 수 있다. 푸코가 말하는 자기배려란 '자기'의 몸과 마음을 돌보는 것이다. 사회의 척도나 주류 질서와 같은 타자의 통치로부터 자기를 지켜 내는 것이다. 성과사회가 '자기'를 성과 주체로 수단화한다면, 자기배려는 '자기'가 항구적인 목적이 된다는 점에서 다르다. 제도에 말려들어 가지 않도록 '자기'를 다스려야 하지 않을까? 삶이란 '자기'의 몸과 마음을 구속하는 억압들과 대결해가며 '자유'를 향해 나아가려는 끝없는 열망이 아니던가.

물론 바틀비 식의 거절도, 그를 넘어서기 위한 자기배려도 쉽지는 않은 일이다. 성과사회는 '자기'와 주변을 성찰할 시간조차 허락하지 않는다. 그런 까닭에 제도와 습속을 돌아보고 성찰하기보다는 떠밀려가듯 살아가게 되는 것이다. 그럼에도 '자기포기'를 넘어 주류 질서와는 다른 방식으로 저항과 탈주를 시도해야 하지 않을까? 허무주의와 무기력을 넘어 '자기배려'를 수행한다는 것은 '경영'과 '평가'의 배치가 만들어 내는 '이미 낡은 질서'를 해체하는 것에 다름 아닐 것이다. 그러지 못한다면 여전히 교육을 피폐하게 만들고 교사의 주체성을 지배하는 낡은 질서 안에 머물 수밖에 없을 것이다.

| 2012년 11·12월, 《오늘의 교육》 11호 |

윤양수 충남 천안 신용초 교사
배움과 나눔의 공간 '다온'에서 공부하고 있지만, 지행의 미로를 헤매다 넘어지곤 합니다. '월급쟁이'지만, 퇴직할 때까지 팔팔하게 살고 싶습니다. 지금은 잠깐 충남교육정책연구센터에 와 있지만, 곧 학교로 돌아갈 것입니다.

다시 쓰는
행복 인생,
3막 1장

승진을 포기한 어느 '유능'했던 교사 이야기

이민아 경기 시흥 연성초 교사

1막 – 착각의 늪에서

1장 유능함은 순종으로부터 주어진다

보통 교사들의 학창 시절이 그렇듯이 나 역시 공부도 웬만큼 하고 말썽도 크게 피우지 않는 착한 딸, 착한 학생이었다. 고등학교 영어 선생님이 꿈이었던 나는 집 근처에 학교가 있다는 이유로 부모님 뜻에 따라 교대에 진학했고, 그렇게 4년 후인 1999년, 시대를 잘 타고 난 덕분에(정년 단축으로 신규 임용이 매우 많았던 시기) 쉽게 임용 시험에 합격하여 졸업과 동시에 발령을 받았다.

학생 수가 100명이 채 안 되는 전체 6학급의 소규모 학교에서 교사로서 첫발을 뗀 나는 아이들에게 선생님으로 불리는 것이 참 좋았고, 나를 바라보는 수십 개의 초롱초롱한 눈들이 정말 사랑스러웠다. 그렇게 시작한 첫해, 나는 '내년 2월에 진급시킬 때 미안한 마음이 들지 않도록 하자'며 열정적으로 아이들과 지냈다.

교무실에서는 파릇파릇한 신규로서 참 열심히 업무를 했다. 시키는 건 뭐든 '오케이'였다. 당시 근무한 학교는 행정실이 없었는데, 그래서 발령 2년 차에는 학교 회계 업무와 교직원 봉급 업무까지 맡게 되었고, 그 과정에서 서류를 만들고 챙기는 업무 처리 기술을 많이 익혔다. 덕분에 일 잘한다는 소리를 자주 들었다. 수업과 업무 사이에서 버거워하던 나에게는 그 소리가 마치 상賞처럼 느껴졌다. 그렇게 세월이 흘러 첫 학교에서 근무하는 마지막 해가 되었다. 그때 마침 우리 학교에 농어촌 점수가 생겼고,* 교무부장의 권유로 승진 가산점이 있는 다른 학교로 옮겼다.

새 학교에서도 역시 나는 일 잘하는 교사였는데, 지금 돌아보니 모든 것이 나의 '어쨌든 오케이' 정신 때문이었던 것 같다. 6학년 담임일 때 부장교사가 졸업 업무로 일이 많다며 떠넘긴 학년 업무도 군말 없이 했고, 심지어 교감이 연수를 듣고 있다며 과제를 대

---

* 도서·벽지학교 및 농어촌교육진흥지역학교로 지정된 학교에서 근무하는 교사는 교육공무원 승진규정에 따라 승진 가산점을 받는다.

신 부탁했을 때도 그러겠다고 일을 받아 왔다. 신학년도 업무 배정 때도 영어 업무와 원어민 담당 업무를 해 보라고, 뭐든 맡기면 잘하니까 이번 일도 잘 해낼 수 있을 거라는 주변의 부추김에 넘어가 내 희망 업무와는 상관없이 또 '오케이'를 해 5년을 영어 업무에 시달려야 했다. 업무를 잘한다고 인정받는 사람이 유능한 교사라 여겼던 나의 잘못된 생각이 자신을 늘 일 때문에 피곤한 사람으로 살게 만든 것이다.

당시 교감은 교장 승진을 위해 교육청 근무평정이 필요했던 터라 교육청에 매우 협조적이었다. 그러던 어느 날 그는 선배 교사 1명과 나를 조용히 교무실로 부르더니 아무에게나 이런 기회를 주는 게 아니라며 퇴근 후에 시간을 내서 교육청 일을 좀 도와 달라고 했다. 교육청에서 불러 주기만을 기다리는 선생님들도 많으니 비밀로 하라던 그의 말에 우쭐해했으니, 나도 참 한심한 노릇이다.

말 잘 듣는 나는 그때부터 학교를 퇴근함과 동시에 다시 교육청으로 출근하는 생활을 시작하였다. 교육청에 갈 때마다 밤 11시까지 일하는 건 기본, 어떤 날은 보고서를 쓰느라 교육청에서 밤을 꼴딱 새고 바로 학교로 출근하기도 했다. 교육청 행사 추진에서부터 장학 자료 만들기까지 다양한 종류의 교육청 일을 참 많이도 했다. 그러다 보니 나날이 피로가 쌓여 갔는데, 늘어나는 표창장과 위촉장을 위안 삼아 다시 힘을 내 일했다. 교육청 회의로 다른 선생님들 앞에 서는 일이 잦아지면서 지역에서 조금씩 이름이 알려지는 것도 은근 좋았다.

이렇게 근무 시간 외에 여러 가지 일을 하다 보니 몸이 열 개라도 모자랄 지경이었다. 그러면서도 어쩔 수 없는 일이라 여겼다. 장학사들의 호출을 기다리는 사람들, 즉 승진을 위해 위촉장이 필요한 사람들이 줄을 섰다고 들어 왔기 때문이다. 주말에 가족 나들이 계획이 있던 선배 교사는 장학사의 전화 한 통에 선뜻 계획을 취소해 버렸다. 괜찮겠냐고 걱정스러워 물었더니 그는 이런 경우에 한 번이라도 '일이 있다', '죄송하다'고 하면 그 뒤로는 다시는 불러 주지 않는다고 했다. 나 역시도 그런 기회를 놓치고 싶지 않은 마음 때문이었으리라. 어떻게 시작한 일인데, 어떻게 잡은 인맥인데 하며 그렇게 계속 요구들을 거절하지 못했다.

2장 내 삶에 본격적으로 승진이 들어오다

사실 그리 바쁘게 뛰어다니면서도 실속은 별로 없었다. 그냥 빛 좋은 개살구처럼 교육청 일만 주야장천 했다. 그렇게 학교에서, 교육청에서 원하는 것에 휩쓸려 일하다 어느 틈엔가 나를 위한 일들을 하며 살아야겠다는 생각이 들었다. 당장의 목표가 승진은 아니더라도 남들 얘기처럼 언젠가는 필요할지도 모르는 일이니 수업 실기대회 점수나 각종 연구대회 점수 같은 것도 차곡차곡 조금씩 준비하자 싶었다.

그러던 중 교육청 일을 하면서 알게 된, 평소 나의 멘토를 자청하는 선배들과 저녁 식사를 함께하게 되었다. 이제 나를 위해 좀 살아 보고 싶은데 뭘 어떻게 하면 좋겠냐는 내 질문에 선배들이 한마음으로 줄줄이 내놓은 조언들은 이러했다.

"파주에 들어가 승진 가산 점수를 딴다. 해마다 수업실기대회부터 다양한 종류의 연구대회에 참여한다. 대학원도 시작한다. 그렇게 5년을 보내면 승진에 필요한 기본 점수는 다 마련된다. 그리고 다시 나와서 근무평정만 3년 잘 받으면 승진한다."

그때까지 승진 규정이니 점수니 하는 것들을 제대로 알아 본 적 없던 나의 귀는 선배들의 말에 금방 팔랑거렸다. 나의 파주행은 그렇게 결정되었다.

2막 – 암흑기로 접어들다

1장 승진? 까짓 거

파주에 온 후 축하 전화와 메시지를 참 많이 받았다.

"축하해. 혹시 교육청에 빽 있는 거 아냐? 어떻게 그 학교에 발령이 났어? 벽지 점수가 높은 편이라 관내에서도 들어가기 힘들다던데."

"이야, 축하해. 승진 빨리 하겠는 걸. 승진하면 나 좀 잘 봐 줘."

괜히 으쓱해졌다. 이곳에서의 생활이 꽤 순탄할지도 모른다는 기대감이 생겼다. 이제부터 학교 분위기에 적응만 잘하면 될 일이었다. 적응력 하면 어디서도 빠지지 않으니 선생님들과 친해지는 건 문제도 아니라고 생각했다. 발령을 받은 학교가 초임지와 마찬가지로 전체 6학급인 작은 학교라 교사가 적었는데, 예전의 경험을 떠올리면 많은 업무량쯤은 뭐 괜찮다 싶었다. 승진이라는 목표를 향해 거쳐 가는 과정 중 하나이니 어떤 어려움에도 굴하지 않고 잘 견뎌 내리라 다짐했다. 열심히만 하면 '승진, 까짓 거 금방이겠는데' 하는 자신감도 생겼다.

2장 열심히? 누구를 위해? 무엇을 위해?

웃기는 건 이 모든 상황이 첫 출근으로 게임 오버됐다는 거다. 어느 시·도건 승진을 위해 거쳐야 할 코스, 쉽게 말해 승진 가산 점수가 있는 산간·도서·벽지 지역이 있는데, 파주는 오랜 시간 그런 곳이었다. 불과 3, 4년 전만 해도 이 지역에 들어오기 위해 몇 년씩 기다리는 교사들도 많았다. 내가 온 2010년부터는 다른 지역으로 나가려는 전출 희망 교사와 들어오기 원하는 전입 희망 교사의 수가 일대일이었으니 이제는 '그러했다'고 말해야 할지도 모르겠지만.

그렇게 대부분이(아니 모두가) 승진을 목표로 하는 사람들이 모여 있는 곳이다 보니 교장의 말이 곧 법이 됐다. 직원협의 시간에는 항상 잔소리 듣는 어린아이가 된 기분으로 고개를 푹 숙인 채 정말 머~엉한 상태로 교장의 말을 한 시간 넘게 듣기만 했다.

교무부장은 모든 교사한테 할 일이 산더미인데도 교장의 '~하면 어떨까?'라는 말이 떨어지기가 무섭게 소집 제안을 했다. 그럼 모든 교사가 한 명도 빠짐없이 체육관이나 화단 등지로 모여야 했다.

출근하면 하루 종일 컴퓨터 앞에 앉아서 자판만 두드리고 있을 때가 많았다. 부끄러운 이야기지만 어떤 날은 수업 시간에 모니터 옆에 교과서를 펴 놓고 일을 하면서 아이들에겐 대충 설명으로 시간을 때워 버리기도 했다. 차라리 교사가 아니라 회사원이면 좋겠다고 생각한 적도 있었다. 그러면 적어도 교실에서 아이들 없이 마음껏 일할 수 있을 테니까 말이다.

이런 말도 안 되는 생각을 하고 사는 내가 교사가 맞나 하는 생각이 들기 시작한 건 이때부터였다. 아이들 앞에 교사로 서는 것 자체가 점점 창피했다. 먼 미래의 승진을 위해 내 영혼을 파는 기분이었다. 내 생각이나 사생활 따위는 버리고 오로지 교장, 교감에 복종해야 하는 시스템을 받아들이기가 힘들었다. 아니 싫었다. 출근길, 학교가 가까워져 오면 숨이 막혀 왔다. 웃을 일도 별로 없었지만 일부러 웃고 싶지도 않은 날들이 이어졌다.

3막 1장 – 행복을 찾아서

승진을 왜 해야 하냐고, 하면 뭐가 좋으냐고 물어보면 선배들은 이렇게 말하곤 한다.

"자식 결혼시킬 때 좋잖아. 평교사로 청첩장 돌리기가 무안하더라고."

"나중에 동기들, 후배들이 다 승진했는데 평교사로 있다고 생각해 봐. 후배들 무시를 감당할 수 있겠어?"

"애들도 그렇고, 학부모들도 나이 많은 선생 싫어하잖아."

이런 이야기에 다 끄덕여 주더라도 적어도 승진을 하려면 10년이라는 세월 동안 내 존재를 완전히 잊고 살아야 할 터인데, 문득 승진을 딱 이루는 그 순간부터 내가 과연 행복해질 수 있을지 의문이 들었다. 무엇보다 행복할 수 있다 치더라도 승진 후에 갖게 될 몇 년의 행복을 위해 지금 현재의 행복을 포기하고 싶지 않았다.

승진에 대한 생각이 흔들리면서 마음 둘 곳이 절실하게 필요해졌다. 그래서 이 학교로 전입하기 직전부터 시작한 전국초등국어교과모임에 더 열심히 나갔다. 학생들을 더 잘 가르치기 위해서 함께 고민을 나누는, 아이들과 함께하며 교사로서 행복을 찾고 누리는 모임 선생님들과 있으면 마음이 한없이 편안해졌다. 매주 월요일마다 왕복 150km나 되는 거리를 오가는데도 피곤하기는커녕 신이 났다. 모임에서 받은 에너지로 한 주를 버텨 냈다고 해도 과언이 아니었다.

처음엔 그저 '힐링'을 목적으로 참여하다가 점차 모임에서 나눈 아이디어들을 조금씩 교실에 적용해 보기 시작했다. 그러다 간간히 마주치는 아이들의 말 앞에서 멈칫하곤 했다. "작년에는 도덕 같은 과목은 아예 교과서도 안 펼쳐 봤는데 올해는 배우네요." "공개 수업할 때 어떻게 짜고 해요?" 승진에 온 관심이 집중된 교사들로 인해 아이들이 이렇게 방치되었구나 생각하니 안쓰럽고 미안했다.

그래서 더욱 아이들과의 생활에 초점을 맞추었다. 일에 쫓겨 뒷전으로 밀리던 수업 시간을 온전히 아이들을 가르치는 데 할애하려고 애썼다. 그러다 보니 자연스럽게 아이들과 소통이 되기 시작했다. 일을 하느라 아이들에게 자주 했던 조용히 하라는 잔소리

도 사라졌다. 교무실에서 온 전화를 받지 않는 나름 소심한 반항
도 했다. 왜 전화를 받지 않느냐는 아이들의 질문에 "선생님은 일
보다 너희들과 하는 지금 이것, 이 순간이 더 중요해"라고 말했더
니 아이들이 무한 신뢰도 보내 주었다.

그렇게 지낸 1년, 아이들의 변화가 눈에 띄게 나타났다. 사실 전
체 6학급인 작은 학교는 입학부터 졸업할 때까지 줄곧 같은 아이
들이 한 반이 되다 보니 한번 찍히면 그 족쇄를 풀기가 매우 어
렵다. 특히 우리 반은 4학년 때까지 학교에서 가장 힘든 반으로 유
명했다. 체험학습을 나가면 통제 불능에, 서로 짜증을 가득 담아
말을 내뱉던 우리 반 아이들이 달라지기 시작했다. 체험학습 때면
열심히 참여해서 주위의 칭찬도 많이 받았고, 작은 것에도 고마움
을 표현하기 시작했다. 반항기로 똘똘 뭉쳐 스쿨버스 기사 아저씨
와 수차례 멱살잡이를 했던 ○○이도 상대에게 예절을 지키려 노
력했다. 운동회 날에는 "운동회 날 이렇게 그냥 앉아 있는 것도 신
기한데 즐겁게 열심히 참여하는 모습을 보니 마음이 찡하다"며 아
이들의 변화에 눈물을 보이는 학부모도 있었다. 교사로서 흐뭇함
을 느끼는 순간이었다.

업무를 대하는 나의 태도에도 조금씩 변화가 생겼다. 첫해 맡은
업무가 학교 홍보였는데, 학교에서 개최한 행사를 보도 자료로 만
들어 교육청, 신문사에 뿌리는 일이었다. 행사 하루 전날까지 반
드시 보도 자료를 작성해 놓았다가 행사가 끝나면 바로(!) 곳곳
에 알려야 했다. 학교 홈페이지의 학교 앨범, 학교 소식, 연차 보고

서 메뉴 세 곳에 보도 자료를 탑재하고, 지역교육청에 보도 자료를 보낸 뒤, 교육청 홈페이지 학교 소식란에도 보도 자료를 올려야 했다. 그다음에는 도교육청, 그리고 신문사……. 관리자들은 학교도 이제 경쟁 시대라며 매체에 많이 나오는 학교가 살아남을 수 있다고 했다.

사실 보도 자료를 쓰고 홈페이지에 탑재하고 전송하는 데 하루 온종일을 다 보내는 것쯤은 괜찮았다. 내 상식으로 가장 납득하기 어려웠던 것은 어떤 학급에서 토요일에 학급 체육 대회를 했다는 따위의 아주 시시콜콜한 것까지도 보도 자료를 만들어 올려야 한다는 것이었다. 조금이라도 늦거나 빼먹을 경우 바로 교장, 교감에게 지적을 받았다. 교재 연구와 같은 교사 본연의 업무는 안 해도 뭐라 하지 않으면서 이런 일에만 매달리는 관리자들이 이해가 되지 않았다. 처음에는 죄송하다고만 했다. 이해가 되지 않는다고, 이 무슨 인력 낭비냐는 따위의 말은 입 밖에 내지 못했다.

그랬던 내가 이제 모든 행사가 아니라 알려야 할 가치가 있다고 생각되는 것만 보도 자료를 쓰고 그 외의 소식들은 학교 홈페이지에만 올리기 시작했다. 그것도 교장의 질타가 있을 때만 아주 소심하게, 형식적으로 올려놓았다. 이런 소심한 반항으로 관리자의 속을 조금 썩였다.

그런 나를 관리자가 당연히 좋아할 리 없지만 그래도 나를 인정해 주는 부분이 있다면 학급운영이다. 아이들의 변화와 학부모의 만족도가 관리자의 업무 꼬투리 잡기에서 나를 자유롭게 했다. 바보처럼, 그제야 교사가 꼬투리를 잡혀야 하는 지점은 업무가 아님을 깨달았다.

그렇게 승진이라는 족쇄 때문에 할 말도 제대로 못 하고 착하고 순하게만 살아온 과거의 모습이 지금 나를 이곳까지 몰고 왔음에 허무해하면서도, 여전히 나의 마음 한구석에는 승진을 포기하는 것이 맞는지를 두고 갈등이 반복되고 있었다. 현재 행복하게 살기 위해 승진을 포기했다고는 하지만 언젠가 그 결정을 후회하는 날이 오진 않을지, 나의 선택에 확신이 서지 않았던 것이다.

흔들리지 않고 나아가기 위해 필요한 것

그런 혼란 속에서 교육공동체 벗의 '불온한 교사 양성 과정'을 만났다. 강의를 들으면서 불온의 길로 이끌어 줄 '잘못 만난 선배'가 나에게 좀 더 일찍이 있었더라면 얼마나 좋았을까 하는 아쉬움이 많이 들었다. 그리고 이야기들 속에서 내가 교사로서 어떻게 살아가야 할지 방향을 잡을 수 있었다.

첫째는 인간으로, 그리고 교사로서 주체성을 가져야 한다는 것이다. 시키는 대로 무조건 따르며 학교라는 사회에서 인정받는 것이 교사로서 내가 행복하게 살 수 있는 길이라 여겼던 과거의 모습에서 벗어나, 이제 나의 선택과 결정으로 교사의 길을 온전히 걸어가는 것이 평교사로 오래오래 행복할 수 있는 비결임을 알았다.

둘째, 함께 가야 한다는 것이다. '잘하고 있어'라며 다독여 주고 힘을 줄 수 있는 동료와 함께여야 한다. 강의를 함께 들은 선생님들 대부분이 이번에 처음 만난 분들인데도 참 편하고 좋았던 이유는 같은 생각을 가진 동료로서 위안과 안도감을 줬기 때문이지 싶다. 그리고 이제는 학교 안에선 이렇게 만나서 대화할 수 있는 동료가 없음을 아쉬워하기보다 내가 먼저 마음을 열고 다가가는 용기를 내어 보리라 결심했다.

내 삶의 3막 1장은 이제 시작됐을 뿐이다. 앞으로 무수히 더 흔들릴지도 모른다. 그러나 그때마다 위의 이야기들을 떠올리며 다시 마음을 잡아 보려 한다. 마지막으로 앞으로 내가 교사로서 가야 할 길에 대해 올바른 방향을 갖게 도와주고, 그 길을 흔들리지 않고 나아갈 용기를 준 모든 사람들에게 고마움을 전하며 이렇게 외쳐 본다.

(〈개그콘서트〉의 정 여사 말투로) "내가 누군지 알아? 나, 불온한 교사야!"

| 2012년 11·12월, 《오늘의 교육》 11호 |

이민아 경기 시흥 연성초 교사

'교감 되려고 죽어라 애쓸 때는 아이들만 없으면 좋겠다 했는데 이젠 공문 결재가 귀찮고 힘들다'고 말하는 선배의 이야기에 마음이 불편합니다. 그리고 마음 한구석이 아려 옵니다. 진정한 '삶'을 짓는 사람으로 살기 위해 승진 따위 개나 줘 버렸습니다. 비록 여전히 소심하고 약간은 비겁하게 불온하지만 지금 이 자리에서 아이들과 함께 뒹구는 일이 가장 중요한 일이고 행복이라는 것을 몸으로 느낍니다. 퇴직 때까지 아이들로부터 열정적인 사랑을 받는 선생이 되는 것, 제 승진 목표입니다.

슬픔이여
안녕

일제고사 해직 교사의 복직기

김윤주 서울 구로남초 교사

2011년 6월 18일

선생으로 되돌아온 지 석 달이 되어 간다. 학교를 발칵 뒤집어 놓고 교단을 떠난 사람치고 나는 참 황당할 정도로 변하지 않았다. 아이들이 밀물처럼 교실로 밀려올 때면 반갑고 썰물처럼 빠져나갈 때면 더 반가우며, 아이들의 무심한 몸짓 하나하나에 일희일비하고, 여느 교사들처럼 주말과 방학을 기다린다. 마스크를 쓴 짐

캐리처럼 수업 시간을 정열적으로 휘젓다가 교실에 혼자 남는 순간 기면증을 앓듯 아무데서나 푹 쓰러져 잠들어 버리는, 몰두와 탈진의 패턴 또한 그대로다. 새로 복직한 학교는 내 등장이 야기한 긴장과 위화의 자기장에 잠시간 들었다가, 이런 나의 평범성으로 말미암아 재빨리 일상적 전압으로 되돌아갔다.

복직하던 날, 2011년 4월 1일

아직도 복직 첫날의 감정을 잊을 수 없다. 감정을 정수기처럼 걸러 주는 기계가 있다면 한 서너 번은 걸러졌음직한 슬픔이 그것이다. 이 감격스런 날에 이토록 순정한 슬픔이 출근길부터 내 속으로 졸졸졸 흘러들더니 학교에 이르렀을 때에는 어느덧 마음 한 가득히 호수를 이루어 버렸기에 나는 교정 어느 만만한 곳에 주저앉아 버렸다. 맥락을 알 수 없는 슬픈 감정에 압도당한 나는 그저 등굣길의 분주한 학교 풍경을 한동안 바라보기만 했다.

그것은 아마도 지난 해직 기간에 대한 애도였을 것이다. 잠시 후 내가 저 교단의 일상에 발을 내딛는 순간 까마득히 소멸하고 말, 지난 2년 4개월의 파노라마……

해직되어 있을 동안은 단 한순간도 그때의 내 처지를 애처롭게 바라봐 주지 못했다. 일제고사 거부는 생각보다 무척 품이 많이 드는 일이었고, 징계 저지 및 철회 투쟁은 그보다 훨씬 더 고강도의 작업과 긴장이 요구되는 일이었다. 정부의 해직 처분 이후 이 싸움은 대단한 이슈가 되었기에 우리는 신들린 듯 이런저런 글을 쓰고, 닥치는 대로 언론과 집회에 얼굴을 디밀어 우리의 상황을 알렸으며, 눈보라 속에서 100일 간의 농성을 이어 갔다. 지금 생각해 보면 게으르고 나서기 싫어하는 내 천성에 비춰 봤을 때 당시의 날 신들렸다고밖에 표현할 수 없을 것 같다. 그러고도 결국 해직자로 확정되어 세상에서 잊혀진 후로는 곧바로 지부 전임 생활에 적응해야 했으며, 그러는 동안 세월이 흘렀다. 이렇게 학교로 돌아오고 나서야 비로소 그 시절을 온전히 마주하며 애틋한 심정이 든다. 어떻게 흘러갔는지 모를 격랑의 시절.

'안녕? 그동안 내 마음 어느 곳에 잘도 숨어 있었구나. 단 한순간도 제대로 살펴봐 주지 못했음에도 이렇게 얌전히 살아남은 슬픔아, 이제야 누울 자릴 보고서 빼꼼히 고개를 내미는 대견한 나의 슬픔아, 안녕.'

복직의 설렘과 감격을 저만치 제쳐 둔 채 나는 자꾸만 회한에 젖어들었다.

해직 시절

사람들은 우리가 세상 바깥으로 쫓겨나 울고 지낸 줄 알지만, 35년 사는 중에 가장 세상사의 한복판에 서 있던 때가 해직 시절이었다. 울지도 못했다. 그때 슬픔이란 걸 느낄 여유가 우리에게, 아니 전교조에게 있기나 했나.

공안 정국이 본격화된 후, 교육 당국이 체면과 수치심을 내던진 듯 후안무치한 행보를 거듭한 덕에 우리에겐 분노, 고심, 해치워야 할 일들이 끊이지 않았다. 그리고 그 일들은 심장을 나고 드는 빨간 혈액처럼 전교조를 출발하여 전교조로 되돌아왔으므로 우리 해직자들은 전교조라는 분홍빛 심장을 부여잡고 제각기 자기가 맡은 펌프질을 부리나케 해야 했다(내가 맡은 일은 지부 대변인 업무였으니까 그야말로 '뽐뿌질'이라 부르기에 제격이겠다). 되돌아보면 그렇게 업무적으로 숱한 말을 쏟아 내는 동안 '해직 교사'라는 나 개인의 처지는 까맣게 잊었다. 그도 그럴 것이 이미 내 주변에는 해직자 혹은 해직 내정자들이 밤하늘의 별처럼 쏟아지던 형국이었기 때문이다.

시국 선언, 교육감 선거, 일제고사 투쟁의 혈류는 힘찬 맥박 소리와 함께 세상 밖으로 나갔다가 무자비한 탄압의 포화를 맞고 검어진 채로 심장에 돌아왔다. 시국 선언으로는 지부장 전원이 해직되었고, 주경복 후보 지지 건으로는 6명의 지부 일꾼들이 자동 면직형을 선고받았으며, 민노당 후원 교사 대량 해직이 예고되었던 차였다. 이렇게 마구잡이 해직 처분이 애들 불장난하듯 이어지는 동안, 반짝이던 별들이 이렇다 할 위로의 헌사조차 없이 지는 광경을 고스란히 옆에서 지켜보았다. 저 한편에서는 자사고, 고교선택제, 미래형 교육과정 따위의 위험한 쥐불놀이가 신 나게 행해졌다.

차라리 우리 일제고사 해직은 장엄한 전주곡이었다. 해고 살인에 이어진 용산의 진짜 죽음 이후로 교육 정세는 대놓고 괴기스런 왈츠로 변했다. 비리 - 전교조 탄압 - 노골적인 경쟁 교육 정책이

삼박자를 맞추며 저들만의 축제에서 끝없이 흘러나왔다. 쿵짝짝 쿵짝짝 발랄한 리듬에 미스매치(mismatch)된 흉물스런 선율이 귓가에 쟁쟁거리고, 거기에 몸을 실은 교육 관료와 공안 검사들의 숭악한 춤사위가 눈앞에 아른거리는 생생한 혐오감……

그 기간의 내 주된 정서를 말한다면 슬픔도, 억울함도 아닌 혐오 감이다. 학교가 아닌 지부 사무실로 출근한다는 것은 '온갖 불의에 대한 상급 정보에 하루 종일 노출되는 것'이기도 했다. 동지들이 기소된 재판을 방청하고, 열통 터지는 신문 기사들을 검색하고, 거 기에 대한 논평이나 기자회견문까지 직접 작성하다 보면 이 모든 탄압과, 욕지기가 치미는 공분들이 고스란히 내 것이 되는 동화 현상이 일어나는데, 그래서 늘 졸음이 쏟아지고 피곤했던 것 같다.

입속에서 서걱거리던 혐오감이 한풀 가라앉은 것은 2010년 지방 자치선거에서 곽노현 전 서울시 교육감이 당선되면서부터인데, 그 래서 나에겐 이 진보 교육감의 탄생이 현재 곽 교육감에 대한 평 가와는 별개로 대단히 소중한 사건이다. 이 난장을 보고도 국민들 이 다시 또 같은 선택을 한다면 나는 내 자신이 돌아올 수 없는 냉 소와 환멸의 강을 건너 버릴 것만 같은 두려움이 있었다. 해직 처 분을 받았을 때나, 그 과정에서 온갖 못 볼 꼴들을 겪는 중에도 단 한 번도 이런 두려움은 없었다. 그때의 나는 저질 인간들의 꼴불 견 짓에 마음 쓰지 않았고, 오히려 동지들의 감동적인 연대에 시 선을 빼앗겼으며 희망을 보았다. 하지만 1년 반 만에 많은 것이 달라져 있었다. 너무 많은 사람이 다쳤고 사회는 너무 많이 망가졌다. 그리고 사람들은 그것을 모르지 않았다. 그러니 소시민들이여, 당신들이 이 정도는 해 줘야 하지 않겠는가! 해 줄 수 있잖아? 싸우던 이들은 잘리고 구속되고 죽었지 않은가 말이다!

하여간 그때 나는 제도권 선거에 대해 유지해 오던 최소한의 독립성도 내던지고 선거에 올인하는 심정이었다. 다행히 서울을 포함하여 6명의 진보 교육감이 선출되었으니, 지금껏 내 발 붙이고 알콩달콩 살아온 낙관의 대지를 등지고 냉소의 강을 건널 일은 없어졌다.

돌아보면 참 좋은 날들이었어

이면은 어디에나 있기 마련이다. 생각해 보면 나쁘지 않았다. 일제고사는 제법 너덜너덜해졌다. 흡사 더럽고 냄새나는 곳에 이리 닦이고 저리 닦여 얼룩지고 악취 나는 걸레 조각처럼, 누구도 선뜻 집어들 수도, 그렇다고 허락 없이 내다 버릴 수도 없어서 방구석을 차지하고 앉아 있는 애물단지. 교과부가 아무리 빨고 삶는다 해도 12명이나 무자비하게 해직시킨 자국은 너무 진하게 남아서 결코 지워지지 않으리라는 사실이 내 마음에 후후후…… 소소한 자부심을 안겨 준다.

한편, 선생님이라는 등껍질을 벗고 살았던 2년여의 삶은 학생 - 교대생 - 초등학교 교사로 이어진 트랙을 쉬지 않고 달려온 그 이전의 내 인생과는 화학적으로 완전히 다른 것이었다. 체면 없이 술에 취해 주사도 부려 봤고, 세상을 향해 하고 싶은 말도 양껏 하며, 오직 동지들과 친인들만 만나며 살았으니, 더 잃을 게 없다는 심사가 주는 해방감으로 인생을 유랑하는 경험을 이때가 아니면 내가 또 언제 해 보았겠나 싶다. 11년 차 교사로서 타성과 권태에 접어들 무렵에 나는 전교조 조합원이라는 신분 외에는 아무것도 손에 쥔 게 없는 약한 존재가 되어 세상에 섰고, 그러자 오히려 따뜻하고 배울 점 많은 사람들과 더 자주 마주치게 되었다. 그들은 나를 비참하기보다 귀한 존재로, 내 일상을 비루하기보다 보람되게 만들어 주었는데, 그것은 내 인생을 통틀어 가장 아름다운 역설적 체험이었다.

그때 그 사람들

내 해직에 일조했던 당시 학교장은 올 여름에 정년 퇴임을 하나 보다. 내 해직 과정에서 이 양반도 망신을 톡톡히 당했으니 더 남은 원한 같은 건 없다. 당시 '일제고사 응시 거부를 총력 저지'하고 '징계 철회 투쟁을 철회'시키려는 교장·교감·교육청의 총력 투쟁은 참으로 보기 딱할 정도였는데, 그 저지선을 뚫고 일제고사 응시 선택권을 실현시키고 피켓팅, 출근 투쟁 같은 걸 성사시킨 건 아주 스릴 넘쳤다. 물론 다시 하라면 너무 피곤하고 귀찮아서 못할 정도로 첩보전, 게릴라전, 심리전이 수반되었지만, 당시 이 양반들이 어찌나 전전긍긍에 대동단결이었던지, 상전의 지침이랍시고 그 어처구니없는 지시들을 수행하느라 보여 준 그들의 성실과 비장함이 힘든 투쟁 중에 나에게 드라마틱한 흥분을 선사했던 것도 사실이다.

그들은 우리 반 학부모들에게 일일이 전화를 걸어 일제고사를 보라고 종용하는 것을 시작으로, 내 구명운동을 벌이는 학부모들을 방해하거나 위협하고, 내 출근을 저지하기 위해 경찰 병력을 교문에 풀어놓았다. 그래 놓고 아이들로 하여금 경찰에게 감사 편지 쓰게 하기 따위의, 탄압이라 부르기도 참 대단히 후진 일들을 비장하게 수행했다. 하지만 그들은 그런 시도를 할 때마다 우리 반 학부모들의 거센 반발에 부딪히거나 인터넷 뉴스 같은 데에서 만장일치로 비웃음을 샀다(신기하게도 그들은 별로 수치스러워하지 않았다). 서울시교육청 징계위원회에서 모종의 역할을 수행하던 오 모 장학사는 나의 구명 자료를 제출한 우리 반 아이에게 전화를 걸어서는 이후 모든 책임을 감수하겠냐는 등의 가당찮은 협박을 하여 나의 불같은 분노를 샀으며 사실 나는 지금도 그 여자를 벼르고 있다. 유감스럽게도 그녀는 그새 어느 부자 동네에 학교장으로 발령을 받았다나. 그러나 나는 평생 동안 그녀의 이름 석 자를 잊지 않을 것이다.

당시의 제자 애들은 그렇게 뻔질나게 연락을 해 오더니 내 복직 소식을 들은 이후로는 문자도 뜸하고 만나자는 성화도 없다. 지들도 이제야 한시름 놓고 안심하고 사나 보다 싶어 전혀 서운하지 않고 외려 흐뭇하고 가뿐하다. 그런 걸 보면 정말 나를 많이 닮았다. 잘 지낼 때까지 맘 쓰고 들여다보다가 이제 잘 사는구나 싶으면 이내 무심해지는 것.

나는 고통스런 감정을 직면하기보다는 희화화하거나 망각함으로써 회피하는 스타일이어서 그때 아이들과 겪었던 일에 대해서는 별로 말하고 싶지도 않고 실은 기억도 잘 나지 않는다. 다만 나는 아이들이 학교 측의 갖은 회유와 협박에도 오직 나를 믿고 한 치의 두려움 없이 자신들의 일제고사 선택권을 당당하게 행사했다는 사실과, 나의 해직 직후 보여 준 의리와 참여, 해직 기간 동안 지속적으로 내게 보내 준 가슴 따뜻하기 그지없는 문자들이 고맙고 대견하다. 아이들도 그렇게 그 사건을 통해 내가 남기고자 했던 메시지와 우리들 공동의 사회적 실천들, 그리고 결국은 우리가 이겼다는 사실만 기억하고 나를 잊었으면 한다.

그때 인연을 맺게 된 언론인들, 지역의 운동 단체 사람들, 그 외 각계의 동지들 역시도 복직 축하 인사를 끝으로 더 이상 나에게 연락을 해 오지 않겠지만, 사회적 관심이 필요한 또 다른 누군가에게 지금도 안부 인사를 남기고 있으리라.

별일 없이 산다. 그래도 되는 걸까?

다시 복직 첫날로 돌아가면, 그때 나는 청바지에 운동화, 쌩얼로 출근을 했다. 해직될 때는 정장에 스카프까지 둘러매고 언제 다시 설지 모를 교단에 대해 나름의 의례를 갖추었다면, 복직은 당연하고도 일상적인 내 자리로 오는 것이기에 나 스스로 덤덤하고 싶었다. 하지만 아이들과의 첫 만남에선 어쩔 수 없이 긴장했는지 재밌고 편한 선생님으로 잘 보이고 싶어서 아무 순간에나 크게 웃

어 대고 까불거린 통에 아주 만만한 교과 선생님으로 보이고 말
았다. 담임도 아니고 교과 선생님은 아무래도 처음엔 좀 까칠하고
근엄해 보이는 게 이후 수업 진행하는 데 편한데 말이다. 그걸 그
만 까맣게 잊어버렸다. 2년여를 어른, 그것도 투철한 활동가들과
만 지내다 보니 아이들의 특성이나 아이들을 대할 때 사용해 먹는
디테일한 잡기술을 왕창 잊어 먹었고, 그저 정치적으로 올바른 태
도로 사람을 대하고 어른들 언어로 이야기 푸는 게 몸과 입에 배
어서 조금 애를 먹었다. 울분 찬 해고자로 몇 년 행세하다 보니 욕
비슷한 것들도 실없이 툭툭, 말버릇도 거칠어져서 뭔가 초등 교사
와 어울리지 않는 낭인의 기운도 아직 가시질 않았다.

책 보고 공부하는 것을 좋아하는 편이지만 아주아주 오래전부
터 교과 모임이나 교육학 책들은 미꾸라지처럼 피해 다녔는데, 그
것은 아마도 생업으로부터 숨 돌릴 여유를 갖고 싶었던 나의 한눈
팔기 본능 때문이었던 것 같다. 그런 내가 내 발로 과학 교과 혁신
동아리(나는 올해 과학 전담 교사다)에 가입하여 열심히 다니고 있다.
그만큼 수업에 대해 절박해지고, 제법 겸손한 선생이 되었다는 증
거라고나 할까.

새로 부임한 구로남초등학교는 요즘 보기 드물게 전교조 조합원
이 절반가량을 차지하는, 말하자면 전교조 천지의 학교다. 역량 있
는 선배들이 닦아 놓은 기본이 있어서 영 어이없는 일은 잘 일어나
지 않으며, 덕분에 나는 복귀에 따른 적응에만 집중할 수 있었다.
서울에서 가장 가난한 아이들이 모여 산다는 우리 학교는 교과 지

도와 생활지도 하기가 힘들다고 선생님들의 푸념이 끊이지 않는 곳인데, 나는 여기에 발령받겠다고 남부교육청 장학사에게 눈알을 부라리며 으르렁거려 겨우겨우 이 학교로 왔다. 그만큼 아이들은 그저 아이들이라는 것만으로도 내게 충분했으며, 다만 나는 듬직한 동료들의 따뜻한 시선 속에서 당분간이라도 일상으로의 복귀에만 전념하고 싶은 마음이 절박했다. 소원대로 요즘은 애들 열심히 가르치고, 교과 모임 나가고, 전교조 서울지부 합창단에 나가 노래나 부르며 그렇게 별일 없이 산다. 해직 기간은 말할 것도 없이 이전 학교들에서도 이렇게 오직 나 개인으로서 살지는 못했다. 당분간만, 단 1년만이라도 이 별일 없음에 내 몸을 맡기고 살련다. 한번도 제대로 보살펴 주지 못했던 나의 피로, 지나온 날들에 대한 때늦은 애도가 필요하다. 장기하의 〈별일 없이 산다〉는 해직 기간 동안 항상 저들에게 불러 주고 싶은 노래였는데 그때는 탄압에 스러지지 않고 보란 듯이 잘 살아 주는 것이 나의 사회적 책무였다. 하지만 지금의 내가 별일 없이 사는 것은 과연 잘하는 짓일까? 모르겠다. 다만 내 깜냥에 넘치는 일들을 꾸역꾸역 감수해 내느라 쌓인 피로를 털어 내고 다시 열렬히 살아갈 날을 준비할 뿐이다.

| 2011년 7·8월, 《오늘의 교육》 3호 |

김윤주 서울 구로남초 교사

일제고사를 반대한다는 이유로 2년여간 해직되었다가 2011년 복직되었습니다. 말하고 또 말해도 말할 때마다 어이가 없어요. 일제고사 해직 교사…… 실없는 농담 같은 프로필이죠.

더불어 살아가는 삶,
그게 유죄라고요?

민노당 후원 교사의 최후진술문

박지희 서울 노원초 교사

　2년 전 어느 날, 주로 거래하던 은행에서 전화가 왔다. '선생님 계좌에 대해 검찰의 조사 요청이 있어서 협조했다'는 내용의 전화였다. 무엇 때문인지 전혀 짐작도 못 했다. 민주노동당 후원 건으로 이미 일부 전교조 조합원들과 공무원들에 대한 조사와 재판이 진행되고 있었고, 그 재판에서도 정당법 위반 등에 대해서는 무죄가 선고되고 있는 상황이었기 때문에 설마 또 그 건으로 다시 조사하거나 기소하지는 않을 거라고 생각했다.

그런데 2011년 봄쯤 전교조로부터 연락이 왔다. 기소 대상자란다. 민노당에 가입하고 당비 등을 납부한 혐의와 정치자금법 위반 혐의, 국가공무원법 위반 혐의 때문이란다. 나와 같은 이유로 현재 교사·공무원 1,920명이 법원의 재판을 받았고 또 받고 있다고 했다. 단일 사안으로 기소된 규모로는 우리나라뿐만 아니라 세계에서도 유례가 없는 부끄러운 사례라고 한다.

7월에 검찰에 불려가 조사를 받고 지난해 12월 29일 구형 공판이 있었다. 가입 원서와 같은 증거도 없는데 검찰은 내가 민노당 당원이라고 우겼고, 후원금 제도가 없어진 후로도 19개월 동안 19만 원을 후원했다고 징역 4개월에 벌금 50만 원을 구형했다.

다른 교사들도 후원금 액수가 조금씩 달랐을 뿐 혐의는 거의 같았다. 그러나 어떤 이에게는 징역 10개월에 벌금 200만 원이 구형되기도 했다. 구형이 다른 근거가 무엇인지 판사가 검사에게 물었다. 후원금 액수와 전교조 내 지위 차이라고 했다. 정당법, 정치자금법과 전교조 지위가 무슨 상관이 있는 건지 변호사가 따지기도 했다.

그날 기소된 교사와 공무원들을 대표해서 최후진술을 하게 되었다. 최후진술을 마치고 뒤를 돌아보았을 때 많은 사람들이 훌쩍이고 있었다. 이런 한심한 재판을 받고 있음이 서러웠을 수도 있고 이렇게 역사가 거꾸로 돌아가 버릴 수도 있구나 하는 한탄이었는지도 모른다.

최후진술을 마치고 내려오자 어떤 선생님은 내 어깨를 다독여 주기도 하고 어떤 선생님은 말없이 엄지를 치켜세워 보이기도 했다. 그리고 어떤 선생님은 다가와 이렇게 말했다.

"나는 아까 한 명씩 세워 주민등록번호 말하라고 할 때부터 다리가 휘청거릴 정도로 떨렸는데 어쩜 그리 떨지도 않고 당당할 수 있어요?"

그 말을 듣자 내 마음이 갑자기 찡해져 뒤늦게 눈시울이 붉어졌다. 그렇다. 이렇게 순한 사람들에게 법정에 선다는 것, 그리고 구형을 기다리고 선고를 기다리는 것이 얼마나 떨리는 경험인지, 그런 사람들이 1,900여 명이나 된다는 것이 얼마나 야만인지……. 이제 1월 30일 선고 공판이 남아 있다. 이 글은 그날 대표로 읽은 최후진술문이다.

최후진술문

존경하는 재판장님

우선, 제 평생 피고의 신분으로 이렇게 법정에 서게 될 일이 있으리라는 것을 상상조차 안 하고 살아온 사람으로서, 최후진술문을 읽어야 하는 이 자리가 무척 당혹스럽기도 하고 조금 두렵기도 하고 그렇습니다.

제 이익을 위해 누군가와 심하게 다툼 한번 한 적 없고 17년 동안 운전을 하면서도 신호를 위반하거나 교통법규를 어긴 적 없는 저였습니다. 그런 제가 이 자리에 서서 최후진술이라는 것을 합니다. 혹여 형식에 맞지 않고 부족하더라도 법에 영리하지 못함으로 인한 것으로 이해해 주시기를 바랍니다.

저는 1988년도에 대학을 졸업하고 곧바로 미아리에 있는 숭인초등학교에 발령을 받았습니다. 발령을 받고 한 해는 담임 선생님이 결근을 하면 대신 담임을 맡아 주는 증치 교사로 살다가 1989년도에 저의 첫 제자들을 담임하게 되지요. 그런데 담임 역할도 1년을 못 하게 됩니다. 그해 전교조 결성에 가담했다는 이유로 해직이 되었으니까요.

경력이 1년밖에 안 된 교사가 무슨 신념이 있다고 그 무서운 공안 정국에 정면으로 맞서면서 해직까지 됐냐고 주변에서 묻곤 했습니다. 그렇습니다. 제가 해직이라는 상황까지 갔던 힘은 교육 현실이 아주 암울하다는 판단이나 이것은 내가 해야 할 일이라는 소명보다 '분노'였습니다. 소위 지성인이라는 교사 집단이 자기 목소리를 낼 단체 하나 마음대로 결성할 권리도 없고, 단체를 결성했다는 이유로 직장을 서슴없이 빼앗는 현실에 대한 분노감이 더 컸습니다. 어쩜 내가 이리도 촌스러운 나라와 직업을 갖게 되었나 싶어서 자괴감마저 들었지요.

그래서 해직되었고, 5년 동안 한 달 생활비라는 명목으로 8~10만 원 받는 전교조 상임 활동가로 활동하였습니다. 그때 거리의 교사로서 명동성당에서, 또 연세대, 성균관대 학생회관에서 새우잠을 자면서도 전교조 합법화를 위해 싸웠던 이 시간과 고통들이 결코 헛되지 않으리라 생각했습니다. 또 헛되지 않았기에 저희는 교단으로 돌아왔고 다시 그런 일은 반복되지 않으리라 믿었습니다.

그런데 20여 년 후인 2011년에도 또다시 그런 일이 반복되고 있습니다. 정당에 가입하거나 직접적인 정치 활동을 한 것도 아닌데 단지 정치단체에 적은 후원금을 냈다고 교사가 검찰에 불려 다니고 재판을 받고 있습니다. 참으로 어이가 없고 역사가 거꾸로 가나 싶기도 합니다.

저는 현재 초등학교 6학년 담임을 맡고 있습니다. 6학년 2학기 사회 1단원은 정치와 법을 다룹니다. 교과서에서는 정치를 "사람들 사이에 발생하는 갈등과 다툼을 조정하고 여러 사람에게 영향을 미치는 공동의 문제를 해결해 가는 활동으로 가족, 학교, 지역, 국가, 세계 등 공동체가 있는 곳이면 어디든 발생한다"라고 정의합니다. 그래서 저는 아이들에게 "너희 가족들이 여행을 어디로 갈 것인가에 대해 의논을 하고 결정해 나가는 행위도 정치이며, 교사의 체벌에 대해 아이들이 교장 선생님에게 가서 이르거나 교육청에 전화하는 행위도 모두 정치적인 행위"라고 가르칩니다. 그래서 우리는 의도하든 의도하지 않든 정치적인 행위를 많이 하고 있다고……

교사는 정치 활동을 할 수 없다고 규정한 공무원법은 교사가 한 사회인으로서 가져야 할 기본권마저 부정할 뿐만 아니라 교사에게 정치적 한정치산限定治産을 선고한 것이라고 생각합니다. 교사와 공무원의 정치적 중립성을 거론할 때마다 항상 인용되는 헌법 제7조 2항 "공무원의 신분과 정치적 중립성은 법률이 정하는 바에

의하여 보장된다"와 제31조 4항 "교육의 자주성·전문성·정치적 중립성 및 대학의 자율성은 법률이 정하는 바에 의하여 보장된다"가 제겐 아무리 뜯어보아도 의무가 아닌 권리 조항으로 해석됩니다. 지금 정당에 정치 후원금을 낸 이유로 교사를 이 법정에 세우는 것이 공무원의 정치적 중립성에 대한 인식의 차이라기보다 단순한 정치적 탄압이라고 여겨지는 까닭도 여기에 있습니다.

근무 중에 자신의 직무와 관계없는 정치 활동을 하거나 당파적 이유로 국가정책을 충실하고 공정하게 집행하지 않는 것은 당연히 제한되고 처벌받아야 할 일이지만, 업무 시간이 끝나고 직장 문을 나서는 순간부터는 자신의 정치적 신념과 입장을 밝히거나 정치 활동을 하는 것을 금지할 수 없습니다.

교사의 종교 중립 문제에서 학생들에게 특정 종교를 심어 줄 우려가 있기 때문에 교사의 종교 생활을 금지하자는 주장을 하는 사람은 없습니다. 교사의 정치 기본권도 마찬가지입니다. 종교적 중립 의무가 있는 교사나 공무원도 사적인 종교 활동은 자유롭게 보장받는 것과 마찬가지로 공적 영역이 아닌 사적 영역에서의 정치 활동을 허용하는 것은 너무나 당연하다고 생각합니다.

그런데 국가공무원법이나 정당법 및 정치자금법은 교사와 공무원의 정치적 기본권을 포괄적으로 부정하고 있습니다. 그런 논리라면 교사와 공무원은 종교 또한 가질 수 없습니다. 교육공무원법에는 교사는 종교에 대해 중립적인 태도를 가져야 한다고 되어 있습니다. 그래서 교단에서 자기 종교를 선교하거나 종교적 행위를 하면 처벌을 받습니다. 그러나 단지 종교를 가졌다는 이유로 처벌 받지 않습니다. 교회에 헌금을 하는 행위 또한 처벌받지 않습니다.

그렇습니다. 그런데 어떻게 지극히 개인적인, 최소한의 후원금을 냈을 뿐인 행동을 교사 직분으로 도저히 할 수 없는 정치 행위라고 할 수 있는지요. 공무원 및 교사 신분이라는 이유만으로 민주주의의 이방인으로, '정치적 한정치산자'로 취급하며 시민권을 박탈할 수 있는지요.

다양한 정치적 의견과 정당 활동이 이 나라의 정치를 발전시키리라 믿기에, 그 당시 막 시작한 약소 정당, 소외된 사람들과 함께 하겠다는 깃발을 든 정당에 참으로 작은 힘을 보태는 것이 제 후원의 전부였습니다. 매달 저의 월급에서 장애인학부모연대, 야학연합회, 대안학교, 평화박물관, 농촌살리기운동본부를 후원하듯이 민노당 후원 역시 제 소득을 이웃과 사회에 나누는 일이었습니다.

1980년대를 이야기할 때 "그런 시절도 있었어?"라는 말을 종종 합니다. 그러나 1980년대에서 30년이나 지난 지금 이런 사유로 법정에 선다는 것을 저는 어떻게 이해해야 할지 모르겠습니다. 한때는 세금 공제까지 받았던 정치 후원금이 어느 날 갑자기 법이 후퇴해서 위법이 되었습니다. 그 사실을 제대로 인지 못 해 후원을 중단하지 못한 저의 불찰도 물론 있겠지요. 그러나 적어도 법령은 다소 후퇴했더라도 실제적인 실행에서 이렇게 후진적인 탄압이 이어질까 했던 안이함이랄까요, 최소한의 믿음이었다고 할까요.

우리 반 아이들에게 정치 단원을 가르치면서 제 이야기를 했습니다. "선생님은 노동자이기에 노동자 정당에 아주 적은 금액의 후원금을 냈는데 그것이 범죄행위라고 하는구나. 그것으로 인해 검찰에 가서 조사도 받고 곧 재판도 받게 되는데 진짜 범죄행위라고 판결받지는 않을 거라고 믿어."

저는 교단에 선 지 1년 4개월 만에 전교조 가입이라는 이유로 거리의 교사가 되었고, 5년 동안 전교조를 튼튼하게 하는 데 나름 역할을 하며 살아왔습니다. 사람들에게 5년여의 해직 생활을 이야기하면 다들 안쓰럽다는 듯이 바라봅니다. 그러나 저는 그렇게 생각하지 않습니다. 그 시간은 무언가를 위해서 제가 희생하는 기간이 아니었습니다. 제가 '직업인' 교사가 아닌 '이 땅의' 교사로 다시 서는 소중한 공부의 시간이었습니다.

전교조 상근자로 살아가면서 생계비로 한 달 8만 원을 받으면서도 너무도 기쁘게 신명 나게 전국을 돌아다니며 일했습니다. 그 시간들이 기쁘고 신명 난 공부 기간이었다고 이야기하면 많은 사람들은 의아해합니다. 그러나 저는 그렇습니다. 정말 그 시간들이 없었다면 저는 그냥 공부만 열심히 가르치는 평범한 교사로 살았을 것입니다.

그 기간 동안 우리 사회의 약자들을 보았고, 그 약자들이 학교에 거는 기대도 보았고, 또 그 자녀들이 학교나 사회에서 차별받지 않을까 살필 줄 아는 눈을 가질 수 있게 되었습니다. 그리고 무엇보다 그분들이 저희들에게 보내 준 후원과 지지가 크나큰 힘이 되었습니다. 약자들끼리 서로 이렇게 어깨 걸고 살아가는 세상이 아름다운 거구나 싶었습니다. 그 시간들이 있었기에 지금의 제가 있었다고 생각합니다. 아이들을 따뜻하게 품어 주려는 교사, 학부모를 동지로 따뜻이 품으려는 교사가 될 수 있었다고 생각합니다.

학교에서 근무한 지 이제 20년이 넘었습니다. 그 세월 동안 후배 선생님들께는 귀감이 되어야 할 선배로, 선배 선생님들께는 곁에서 힘이 되어 드려야 하는 후배로서 올바른 학교공동체를 일구어 나가는 데 제 힘닿는 모든 노력을 다했노라고 자부합니다.

교사생활을 하면서 아이들 앞에 서는 교사라는 직업에서 가장 중요한 것 중 하나가 자존감이라는 것을 항상 깨닫습니다. 아이들이 존경하고 좋아하는 선생님은 자신감 넘치는 모습으로 가르치는 선생님입니다. 교사의 자신감은 지식에서도 나오고 가르치는 기술에서도 나오겠으나, 내가 아이들 앞에 부끄럽지 않은 사람이라는 지식인적 양심과, '나는 사람들과 더불어 살아가고자 한다'라는 삶의 태도와 소신에서 나온다고 생각합니다.

매달 1만 원씩 민노당에 후원금을 낸 것은 저의 이러한 삶의 기준과 교육적 소신에 어긋난 것이 아니었습니다. 제 행동이 교단에 선 교육자로서 아이들을 정치적 편견에 사로잡히게 하는, 그리하여 정치적 중립의 의무를 저버린 공무원의 범법행위였을지, 아니면 아이들에게 더불어 살아가는 사회, 참여하는 정치를 가르쳐야 하는 교사가 했던 소박한 실천이었을지, 부디 그 의도를 잘 읽어 주시기 바랍니다.

개학해서 다시 학교에 돌아가면 우리 반 아이들에게 오늘의 재판을 이야기할 것입니다. 우리 아이들에게 교사로서 이 땅의 약자들과 더불어 살아가기 위해 했던 작은 행위마저 법으로 재단하고 처벌하는 대한민국이 아니라 사회 구성원들과 더불어 살아가고자 했던 떳떳한 교사의 모습을 보여 주는 것이 무엇보다 큰 가르침이 될 거라 믿습니다. 우리 아이들이 나중에 사회에 나가서 어떤 일을 하더라도 다른 사회 구성원들과 기꺼이 함께하며 자기 권리를 당당히 주장하고 펼치며 살아가도록 가르치고 싶습니다.

이상으로 최후진술을 마치겠습니다.

| 2012년 1·2월, 《오늘의 교육》 6호 |

박지희 서울 노원초 교사

초등학교에서 20년 넘게 아이들과 아웅다웅 생활하면서 그래도 교직을 선택하길 참 잘했다는 생각을 뒤늦게야 하고 있습니다. 부족한 선생이지만 선생 눈길, 손길 기다리는 이가 있다는 것이 얼마나 다행이고 행복인지……. 선생 개인으로 해 줄 수 있는 것이 너무나 적기에 그런 사람들이 모인 공동체가 필요했고, 그래서 교육공동체 벗을 만드는 일에 함께하게 되었습니다. 그 공동체가 올곧게 서고 또 그것을 버팀목으로 우리 교사들이, 아이들이, 이 땅의 교육이 살맛 나게 살아나길 기대합니다.

교육공동체 벗

교육공동체 벗은 협동조합을 모델로 하는 작은 지식공동체입니다.
협동조합은 공통의 목적을 가진 사람들이 모여서 만든
권력과 자본으로부터 독립된 경제조직입니다.
교육공동체 벗의 모든 사업은 조합원들이 내는 출자금과 조합비로 운영됩니다.
수익을 목적으로 하지 않기에 이윤을 좇기보다
조합원들의 삶과 성장에 필요한 일들과
교육운동에 보탬이 될 수 있는 사업들을 먼저 생각합니다.
정론직필의 교육전문지, 시류에 휩쓸리지 않는 정직한 책들,
함께 배우고 나누며 성장하는 배움 공간 등
우리 교육 현실에 필요한 것들을 우리 힘으로 만들고 함께 나누고 있습니다.

조합원 참여 안내

출자금(1구좌 일반 : 2만 원, 터잡기 : 50만 원)을 낸 후 조합비(월 1만 원 이상)
를 약정해 주시면 됩니다. 조합원으로 참여하시면 교육공동체 벗에서 내는 격월
간 교육전문지 《오늘의 교육》과 조합 회지 〈벗마을 이야기〉를 받아 보실 수 있습
니다. 출자금은 종잣돈으로 가입할 때 한 번만 내시면 됩니다. 조합을 탈퇴하거나
조합 해산 시 정관에 따라 반환합니다. 터잡기 조합원은 벗의 터전을 함께 다지는
데 의미와 보람을 두며 권리와 의무에서 일반 조합원과 차이는 없습니다. 아래 카
페에서 조합 가입 신청서를 내려 받아 작성하신 후 메일이나 팩스로 보내 주세요.

홈페이지 communebut.com
카페 cafe.daum.net/communebut
이메일 communebut@hanmail.net
전화 02-332-0712, 070-8250-0712
팩스 0505-115-0712

교육공동체 벗을 만드는 사람들

※하파타 순

후쿠시마 미노리, 황호연, 황진원, 황지영, 황정하, 황정일, 황정인, 황정원, 황정욱, 황이경, 황은복, 황윤호성, 황승옥, 황순임, 황봉희, 황미숙, 황기철, 황금희, 황규선, 황귀남, 황고운, 황경희, 홍유지, 홍용덕, 홍순성, 홍세화, 홍성은, 홍성구, 홍석근, 홍미영, 현복실, 현미열, 허효인, 허진혁, 허은실, 허수욱, 허성균, 허보영, 함점순, 함영기, 한학범, 한지희, 한정혜, 한은옥, 한영욱, 한영선, 한승희, 한승모, 한소영, 한성찬, 한봉순, 한민혁, 한만중, 한낱, 한기현, 한경희, 하혜영, 하정호, 하인호, 하외정, 하승우, 하승수, 하순배, 하광봉, 탁동철, 최희성, 최환근, 최현우, 최현미a, 최현미b, 최창기, 최진규, 최주연, 최종순, 최종민, 최정윤, 최정아, 최인섭, 최은희, 최은혜, 최은정, 최은아, 최은순, 최은숙a, 최은숙b, 최은미, 최은경, 최윤미, 최원혜, 최용기, 최영식, 최영락, 최연희, 최연정, 최애영, 최애리, 최승훈, 최슬빈, 최선영a, 최선영b, 최봉선, 최보람, 최병우, 최미영, 최미선, 최미나, 최미경, 최문정, 최문선, 최동혁, 최대현, 최광용, 최광락, 최고봉, 최경미, 최경련, 채효정, 채현숙, 채종민, 채옥엽, 차용훈, 진현, 진주형, 진유미, 진융용, 진영효, 진영준, 진수영, 진만현, 진냥, 지항수, 지정순, 지은미, 지윤경, 지수연, 주윤아, 주순영, 주수원, 주경희, 조희정a, 조희정b, 조형숙, 조향미, 조해수, 조하늘, 조진희, 조진석, 조지연, 조준혁, 조주원, 조정희, 조인재, 조응현, 조윤성, 조원배, 조용진, 조영현, 조영옥, 조영실, 조영선, 조영란, 조여은, 조여경, 조수진, 조성희, 조성진, 조성연, 조성실, 조성대, 조선주, 조석현, 조석영, 조상희, 조미라, 조문경, 조두형, 조경원, 조경애, 조경아, 조경삼, 제남모, 정희영, 정희선, 정홍윤, 정혜령, 정현주a, 정현주b, 정현숙a, 정현숙b, 정혜레나, 정춘수, 정철성, 정진영a, 정진영b, 정진규, 정종민, 정재학, 정인영, 정이든, 정은희, 정은주, 정은균, 정유진a, 정유진b, 정유숙, 정유섭, 정원석, 정용주, 정영현, 정영수, 정애순, 정애숙, 정수연, 정선희, 정상희, 정부교, 정보라a, 정보라b, 정미옥, 정미라, 정명옥, 정명영, 정득년, 정기진, 정광호, 정광필, 정광일, 정관모, 정경진, 정경원, 전혜원a, 전혜원b, 전정희, 전유미, 전상보, 전보선, 전병기, 전민기, 전미학, 전미옥, 전미영, 장효영, 장홍월, 장혜진, 장혜옥, 장혜경, 장현주, 장주섭, 장종성, 장재화, 장재혁, 장인수, 장은하, 장은미, 장윤영, 장원영, 장영희, 장영경, 장시준, 장슬기, 장선아, 장상욱, 장병학, 장도현, 장근영, 장군, 임혜정, 임현숙, 임향신, 임한철, 임지영, 임중혁, 임종길, 임정은a, 임정은b, 임전수, 임양미, 임수진, 임성빈, 임성무, 임선영, 임상진, 임명택, 임동헌, 임덕연, 임금록, 이희옥, 이효진, 이화현, 이화숙, 이호진, 이혜정, 이혜숙, 이혜린, 이형환, 이형빈, 이현주, 이현종, 이현익, 이현민, 이현, 이혁규, 이향숙, 이한진, 이태영a, 이태영b, 이태구, 이충익, 이충근, 이초록, 이창진, 이진희, 이진주, 이진숙, 이지혜, 이지현, 이지향, 이지영a, 이지영b, 이지연, 이준구, 이주희, 이주탁, 이주영, 이종찬, 이종은, 이정희a, 이정희b, 이정희c, 이정현, 이정윤, 이정연, 이재형, 이재익, 이재두, 이인사, 이응휘, 이은희, 이은진, 이은주a, 이은주b, 이은주c, 이은옥, 이은영a, 이은영b, 이은숙, 이은경, 이윤주, 이윤엽, 이윤승, 이윤선, 이윤미a, 이윤미b, 이윤경, 이유진, 이월녀, 이원님, 이운서, 이우진, 이용환, 이용석a, 이용석b, 이용상, 이용기, 이영화a, 이영화b, 이영호a, 이영호b, 이영혜, 이영주a, 이영주b, 이영아, 이영선a, 이영선b, 이영상, 이연진, 이연주, 이연숙, 이연수, 이애영, 이아리따, 이신희, 이승헌, 이승태, 이승윤, 이승열, 이승연, 이승아, 이슬기a, 이슬기b, 이순임, 이수정, 이수미, 이소형, 이성원, 이성숙, 이성수, 이성구, 이설희, 이선희, 이선표, 이선용, 이선영, 이선애, 이선미, 이상훈, 이상직, 이상원, 이상영, 이상미, 이상대, 이상균, 이분자, 이보선, 이보라, 이병준, 이병재, 이병곤, 이범희, 이민재, 이민아, 이민숙, 이민수, 이민동, 이미옥, 이미영, 이미연a, 이미연b, 이미숙a, 이미숙b, 이미라, 이미, 이명형, 이매남, 이동훈, 이동철, 이동준, 이동범, 이동갑, 이도종, 이도연, 이덕주, 이남숙, 이난영, 이나경, 이기영, 이기규, 이근희, 이근철, 이근준, 이근영, 이균호, 이교열, 이광연, 이관형, 이계삼, 이경진, 이경욱, 이경언, 이경아, 이경림, 이건진, 이갑순, 윤홍은, 윤지형, 윤종원, 윤우람, 윤영훈, 윤영인, 윤영백, 윤여강, 윤승용, 윤석, 윤상혁, 윤병일, 윤규식, 육신혜, 유효성, 유은아, 유영길, 유성희, 유성상, 유근란, 위양자, 원지영, 원종희, 원윤희, 원성제, 우창숙, 우지영, 우완, 우수경, 우성조, 우경숙, 오혜원, 오현진, 오중근, 오정희, 오정분, 오은정, 오은경, 오윤주, 오유진, 오승훈, 오세희, 오세연, 오세란, 오상철, 오민식, 오명환, 오동석, 오경숙, 염정화, 염정신, 여희영, 여태전, 엄창호, 엄지선, 엄재홍, 엄영숙, 엄기호, 엄귀영, 양희전, 양해준, 양지선, 양은주, 양은숙, 양운신, 양영희, 양애정, 양선화, 양선형, 양서영, 양상진, 양동기, 안효빈, 안혜초, 故안혜영(명예조합원), 안찬원, 안지현, 안지윤, 안준철, 안정선, 안정민, 안재성, 안윤숙, 안용덕, 안옥수, 안순억, 안선영, 안상태, 안경화, 심항일, 심은보, 심승희, 심수환, 심동우, 심규장, 심경일, 신희정, 신홍식, 신혜선, 신충일, 신창호, 신창복, 신중휘, 신은정, 신은숙, 신은경, 신유준, 신영숙, 신소희, 신미옥, 신귀애, 신관식, 송화원, 송호영, 송혜란, 송현주, 송진아, 송정은, 송윤희, 송용석, 송승훈, 송순재, 송송이, 송명숙, 송근희, 손호만, 손현아, 손진근, 손재덕, 손은경, 손소영, 손미, 손명선, 소수영, 성현주, 성현석, 성주연, 성유진, 성용혜, 성열관, 설은주, 설원민, 선미라, 석경순, 서혜진, 서혜원, 서정오, 서인선, 서은지, 서윤수, 서우철, 서예원, 서승일, 서명숙, 서금자, 서근원, 서경훈, 서강선, 상형규, 복헌수, 복준수, 변현숙, 변규석, 백홍미, 백현희, 백지연, 백인식, 백영호, 백승범, 백기열, 배희철, 배희숙, 배진희, 배주영, 배정원, 배일훈, 배이상헌, 배영진, 배아영, 배성호, 배기표, 배경내, 방은아, 방성억, 방득일, 반영진, 박희진, 박희영, 박효정, 박효수, 박환조, 박혜숙, 박형진, 박형일, 박현희a, 박현희b, 박현주, 박현숙, 박현선, 박춘애, 박춘배, 박철호, 박진환, 박진숙, 박진수, 박진교, 박지희, 박지홍, 박지인, 박지원, 박지선, 박지나, 박종호, 박종하, 박정현, 박정아, 박정미, 박재현, 박은하, 박은아, 박은성, 박은경a, 박은경b, 박윤희, 박용빈, 박옥주, 박옥균, 박영실, 박영미, 박신자, 박승철, 박숙현, 박수현, 박수진a, 박수진b, 박수연, 박소영a, 박소영b, 박성현, 박성규, 박선희, 박선혜, 박선영, 박상준, 박복선, 박범이, 박미희, 박명희, 박명진, 박명숙, 박래훈, 박동준, 박도정, 박덕수, 박대성, 박노해, 박노한, 박나실, 박고형준, 박계도, 박경화, 박경진, 박경주, 박경이, 박건형, 박건진, 민형기, 민애경, 민병성, 미류, 문희영, 故문홍빈(명예조합원), 문진숙, 문지훈, 문용석, 문영주, 문순창, 문순옥, 문수현, 문수영, 문수경, 문세이, 문성철, 문봉선, 문미정, 문명순, 문경희, 모은정, 모영화, 명수민, 마연주, 마승희, 림보, 류형우, 류창모, 류지남, 류정희, 류재향, 류원정, 류우종, 류영애, 류명숙, 류경원, 도정철, 도인정, 데와 타카유키, 노영필, 노상경, 노미화, 노미경, 노경미, 남효숙, 남주형, 남유미, 남유경, 남원호, 남예린, 남선우, 남미자, 남동현, 남궁역, 날맹, 나규환, 김희정, 김희옥, 김홍규, 김훈태, 김효정, 김효승, 김환희, 김홍규, 김혜영, 김혜민, 김혜림, 김형우, 김형영, 김형렬, 김형근, 김현진, 김현준, 김현주, 김현조, 김현정, 김현영, 김현실, 김현선, 김현경, 김현, 김헌택, 김필임, 김태정, 김태욱, 김춘성, 김창진, 김찬영, 김진희a, 김진희b, 김진숙, 김진명, 김진, 김지훈, 김지현, 김지연a, 김지연b, 김지양, 김지미, 김지광, 김중미, 김준휘, 김준연, 김준산, 김주기, 김종현, 김종원, 김종욱, 김종성, 김종만, 김정희, 김정현, 김정주, 김정식, 김정섭, 김정삼, 김정기, 김정규, 김재황, 김재원, 김재민, 김장환, 김인순, 김이은, 김이상, 김이민경, 김은희a, 김은희b, 김은파, 김은진, 김은영, 김은아, 김은식, 김은숙, 김은남, 김은규, 김은경, 김윤창, 김윤주a, 김윤주b, 김윤정, 김윤자, 김윤우, 김유정, 김유미, 김우영, 김우, 김용훈, 김용양, 김용섭, 김용만, 김용란, 김용기, 김요한, 김영희, 김영진a, 김영진b, 김영주a, 김영주b, 김영주c, 김영자, 김영아, 김영순, 김영삼, 김연정, 김연일, 김연오, 김연미, 김애숙, 김애령, 김시내, 김승규, 김순희, 김순천, 김수현a, 김수현b, 김수진a, 김수진b, 김수진c, 김수정a, 김수정b, 김수정c, 김수정d, 김수경, 김소희a, 김소희b, 김소영, 김세호, 김성진, 김성중, 김성애, 김성숙, 김성수, 김성보, 김설아, 김선희, 김선우, 김선산, 김선구, 김선경, 김석준, 김석규, 김상희, 김상정, 김상일, 김상숙, 김상남, 김상기, 김봉석, 김보현, 김병희, 김병훈, 김병섭, 김병기, 김범주, 김방년, 김민희, 김민제, 김민정, 김민수a, 김민수b, 김민곤, 김미향a, 김미향b, 김미정, 김미숙, 김미선, 김미라, 김무영, 김묘선, 김명희a, 김명희b, 김명섭, 김록성, 김동현, 김동춘, 김동일, 김동이, 김도형, 김도현, 김도연, 김도석, 김대현, 김대성, 김다희, 김다영, 김남철, 김남규, 김기오, 김기언, 김규항, 김규태, 김규리, 김광명, 김고종호, 김경호, 김경일, 김경엽, 김경연, 김경숙a, 김경숙b, 김경미, 김가영, 김가연, 기호철, 기형훈, 기세라, 기선인, 금현진, 금현옥, 금명순, 권혜영, 권현영, 권재옥, 권자영, 권이근, 국찬석, 구희숙, 구자숙, 구완회, 구수연, 구본희, 구미숙, 괭이눈, 광흠, 곽혜영, 곽현주, 곽진경, 곽노현, 곽노근, 곽경미, 공현, 공은미, 공영아, 고효선, 고춘식, 고은정, 고은미, 고영주, 고영아, 고병헌, 고병연, 고민경, 강현주, 강현정, 강태식, 강진영, 강준희, 강이진, 강은정, 강영일, 강영구, 강순원, 강수미, 강수돌, 강성호, 강성규, 강선희, 강석도, 강서형, 강봉구, 강병용, 강곤, 강경미, 강경모

※ 2016년 6월 8일 기준 1,055명